明日から ネットで始める 現象学

夢分析からコミュ障当事者研究まで

渡辺恒夫

新曜社

はじめに

心理学というと親しみやすく感じられます。けれど現象学ときたら、一世紀前に始まった哲学の一派でいかにもムツカシそう、と思っていませんか。

ところが、それはちょっと違うのです。

現象学は元来が心理学であり、それも最も心理学らしい心理学なのです（十九世紀に心理学として誕生した現象学が、どのようにして哲学になっていったかの歴史的いきさつは、第4章「現象学超入門（二）フッサールの現象学」で学びます）。なぜなら、現象学とは、自分自身の体験の世界を観察して記述し、体験の意味を明らかにする学問だからです。

自分の体験を記述するなどというと、なんだか日記をつけることから始まる学問みたいに響くかもしれません。じじつ、日記というのは現象学の重要な材料の一つなのです。

といっても、学問を始めるには、「なぜ?」という問いに、謎に、直面することが必要です。万学の祖といわれる古代ギリシャのアリストテレスは、「学問の始まりは驚きである」ということばを残しています。でも、私たちの日々の生活のなかでは、驚きや謎の感覚を引き起こして、観察し記述しその意味を解きたくなるような体験が、はたして簡単に見つかるでしょうか。

それが、あるのです。毎夜、私たちが見る夢が、それなのです。

精神分析の祖、フロイトは、「夢は無意識への王道である」という有名なことばを残しました。1900年のことです。それから120年ほどたった今、私はあえて次のように言うことにしています。

夢は現象学への王道である。

そう。現象学を学ぶのに、現象学入門といったムツカシそうな本を読むことから始める必要はありません。まず、現象学を使ってみること、現象学することが、一番いいのです。

現象学するのに、その第一歩が明日の朝から夢日記をつけ始めることなのです。次に、できれば自分のウェブサイトを、ブログなりSNSなりで用意して、夢記録をアップロードするのです。

何日分か夢記録が溜まったら、そこで、夢の意味を解明するための夢分析に取りかかります。

夢分析には、フロイト派やユング派などの流派がありますが、本書を読んで身につくのは、物語論的現象学分析というものです。字面はムツカシソウですが、まず、夢を物語に見立てて、序幕－第二幕－第三幕－終幕と分けることから始めます。次に、現象学的な「夢世界の原理」として次章で紹介する四つの手引きにしたがって分析するだけでよいのです。世界で一番簡単な夢分析法かもしれません。

これが、本書の第1章にあたります。「手作りの科学としての夢研究――物語論的現象学分析」と題しておきました。

手作りの科学とは、近頃話題の先端科学やらビッグサイエンスやらに、あえて対抗したネーミングです。誰でも、明日から、研究費なしで始められる科学研究、という意味を含んでいます。誰でも、といっても、少なくとも夢を見る能力と、夢を見たら記録しておく習慣が必要になります。それと、第1章で理由を言いますが、ウェブ上に自分の夢日記サイトを用意することです。

第2章は「現象学超入門（一）――体験世界の志向性構造」と題しました。入門といっても、現象学とは何かといった抽象的な話ではなく、夢の現象学分析に用いた「夢世界の原理」が、夢と現実の体験構造の違いからどのように導き出されるかを、図解によって分かりやすく説明します。そして、そこで最低限必要になる現象学のものの見方である志向性について、基礎を学ぶことになります。

第3章「夢シリーズの物語論的現象学分析」では夢の話に戻って、もう少し詳しく夢世界を探検することを通じて、現象学の方法への理解を深めます。

第4章は「現象学超入門（二）――フッサールの現象学」と題しました。十九世紀の半ばに誕生した現象学が、哲学者フッサールの手で超越論的現象学（＝現象学哲学）と心理学的現象学（＝現象学的心理学）の二本立てから成る精緻な方法論になったいきさつを、平易に解説します。

以上が、「第Ⅰ部　入門篇」です。第5章以下を「第Ⅱ部　応用篇」としてまとめました。

第5章「現代へ向かう現象学の展開（一）哲学篇――ハイデガーからリクールまで」では、フッサール以後、ハイデガー、サルトル、メルロ＝ポンティらの実存主義的現象学の時代、さらにガダマーやリクールらの解釈学的現象学の時代までを、基本的な現象学の用語を紹介しながら、分かりやすく概観します。

第6章「『コミュ障』の当事者研究――インターネット相談事例をもとに」では、現象学的な当事者研究に挑戦します。

当事者研究とは、心の病いをもつ人たちが、医療関係者の研究対象になるだけでなく、自分自身の病いの症状を研究しようということで、この日本で、北海道の浦河べてるの家という精神障害者の施設で始まった方法です。今では、心の病いだけでなく難病患者や、LGBTなどマイノリティーの当事者研究として発展し、人間科学の重要な方法になっています。本書では、「コミュ障」の問題を当事者研究として取り上げます。その理由は、私自身がコミュ障を苦にしているという当事者性にありますが、たとえば不安や恐怖の体験、いろいろなマイノリティー体験、超常的体験など、気軽に周りの人に相談できず、といって専門の相談機関に行くのもはばかられる、といったテーマを、読者自身が開拓していくことを望んでいます。

もともと現象学は、自分自身の体験を観察し記述することから始まるのですから、当事者研究そのものといってよいのです。けれども、本書では、ネット世界でのコミュ障相談事例をデータとしているため、いろいろ方法論的工夫が必要になっています。本書で用いるのは、イギリスのダレン・ラングドリッジという臨床心理学者が、現代最高の現象学的哲学者であるフランスのポール・リクールに学んで開発した方法です。

第7章「現象学の過去から未来へ」では、前半で現代にいたる現象学的心理学と現象学的精神医学の展開を紹介したのち、万人の万人による万人のための現象学という、現象学のワクワクするような未来への可能性を描き出します。

巻末には読書案内を付けておきました。現象学関係の用語は出るたびに本文中で説明しておきましたが、より詳しい説明を巻末の註に回したところもあります。註にはやや専門的なものが多いので、初学者は無視してもかまいません。また、引用文献はなるべくカッコ内に引用元を記しておきましたが、外国語文献などの専門的なものは註に回しました。

本書は何の予備知識もなしに、高校生程度の読書力があればすんなり読めます。読むだけでなく、現象学の研究を始められるのです。繰り返しになりますが、現象学を学ぶのに哲学者の書いたムツカシそうな本から入る必要は毛頭ありません。まず現象学を使って研究してみることです。

そんな、前代未聞の手引書を、本書はめざしています。

それでは、限りない魅力と可能性を秘めた現象学の世界に、共に足を踏み入れることにしましょう。

目次

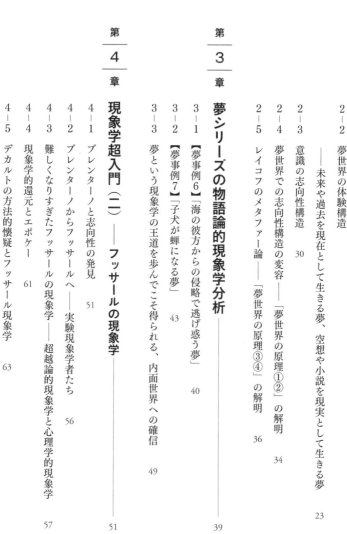

装幀＝新曜社デザイン室

第 I 部

入門篇

第1章 手作りの科学としての夢研究——物語論的現象学分析

1-1 夢日記をつける——データ収集

現象学を心理学として、つまり現象学的心理学という「科学」として研究していくには、まずデータが必要です。データ収集こそが、科学研究の第一歩なのです（これに対して現象学的哲学者は、フッサールやメルロ=ポンティといった現象学の古典を読むことから研究を始めるのが普通です。ここに、現象学的心理学と現象学的哲学の違いがあります）。

夢の現象学にとってのデータ収集は、夢日記をつけることから始まります。今夜さっそく、枕元に筆記用具をそろえて寝るのです。メモ機能のついたスマホでもいいです。そして明日の朝には、夢を見たと思ったら記録しておくのです。

夢はたいへん忘れやすいので、ベッドにいるうちに記録しておいた方がいいのです。といって、あわただしい朝には、そんな時間はないかもしれません。そんなときには、キーとなるようなことばを二つか三つ、スマホに打ち込んでおく、といったやり方が勧められます。

「宇宙人の侵略　海のそばのマンション　逃げ惑う」

といったぐあいです。

そして、通勤通学の電車の中で、スマホを取り出してキーワードとにらめっこするのです。すると、夢全体がズルズルと芋づる式に引っ張り出されてくることがあります。そこですかさず、書きとめるのです。

この方法を、キーワード式夢想起法と名づけて私は実行しています。ただし、いつも成功するとは限りません。特に、午後になって思い出したりしても、キーワード以外は何もよみがえらない、ということになることが多いようです。

そもそも日記といっても、毎日欠かさず付けなければならないわけではありません。最初は一週間に一つ書ければいい方です。あんまり夢日記にのめりこんでしまっても、学校や職場の方がおろそかになってしまいます。「夢日記をつけると気が狂う」といった都市伝説を耳にすることがありますが、これは、熱心になりすぎて遅刻常習犯になったりして不都合が生じる、という状態をいうのでしょう。夢日記をつけること自体が、何らかの精神異常（？）をもたらすという証拠はまったくないのでご安心を。

そうやって夢記録がある程度溜まったら、スマホや紙のノートに書きっぱなしにしておかないで、必ずパソコンに打ち込んでおくのです。

また、夢記録は、現実の状況－夢内容－付記、の順に記すことが望ましいのです。「現実の状況」とは、年月日をはじめ、たとえば入試の発表を控えているとか、親族の葬儀の夜、といった特筆すべきことがあれば一言触れておくのです。「付記」は、「夢内容」を記録しながら、何か連想したことがあれば書いておくのです。私は連想するとよく、最近読んだ本や見た映画の内容が出てくるので、それと夢内容の関連に触れておくようにしています。

ただし、この時点で「夢の意味の解釈」は、まだやらない方がいいでしょう。

1－2　夢データをウェブ公開する

夢記録が何日分か溜まったら、次のステップは、サイトを作ってウェブ上に公開することです。私はブログを使っていますが、ツイッターでもフェイスブックでもいいのです。

なぜ公開するかというと、まず、公開することで自分の夢記録をおのずと何度も読み返すことになり、いろいろ新しい発見が得られるからという理由があります。

次に、公開することは自分の研究に責任をもつことでもあります。だから本当に研究をしようとするなら、サイトも原則として、何らかのかたちで実名が辿れるようなものでなければならないのです。覆面作家というものはいても、覆面研究者というものはありえないのですから。

また、最近は研究倫理が厳しくなっていて、薬の臨床試験のような侵襲性ある医学研究でない、心理学や社会学のアンケート調査のたぐいでも、所属の機関の倫理委員会に研究計画を提出することが求められています。自分の夢を使う分には倫理委員会に報告する必要はないのですが、気をつけなければならないことは、夢に実在の人物を登場させると思わぬプライヴァシーの侵害や名誉棄損にさえ発展するリスクがあることです。サイト公開には、そのための匿名化の処置も必要になります。

絶対記録しておきたい夢なのに、内容的に人に知られたくないという場合もあるでしょう。そんな場合、私はブログの下書き機能を使って、下書きのままにしておくようにしています。公開に踏ん切りがつかないという場合は、とりあえず下書きのままで出発するというのも一つの手です。

夢サイト公開の最大の目的は、夢記録を公共的にアクセス可能なデータ化することです。誰でもアクセス可能なデータにもとづくというのが、科学研究の最低限の要件の一つなのですから。

自分の夢を公共性のあるデータにすることは、同じように他の人によってウェブサイトに公開された夢をも参照・引用できるということです。引用にあたっては、サイトの主の直接の許可は必ずしも必要ではありません。引用元のＵＲＬとサイト主の名をしっかり記しておくだけで十分です。

といっても、他者の夢を自分の夢と同じように分析できるわけではありません。次節から見ていくように、夢の分析に必要な生活歴的情報を欠いている場合が多いからです（自分の夢であってもそのときの生活歴的情報は後に思い出せなくなることがあるので、「現実の状況」「付記」の欄はなるべく書いておいた方がよいのです。記録時に書けなくとも、ネットにアップロード時に思い出すこともあります）。

むしろ学ぶべきは他の人が夢をどのように取り扱っているかという分析の方法です。分析の方法を互いに批判しあうことが、科学研究のコミュニティ形成の第一歩になるのです。

そのようにして夢データのネットワークができてくると、やはり、すべての公開可能な夢のテクストを集積して、誰でも研究に使えるような、ドリームバンクといったものが欲しくなってきます。そのようなドリームバンクは、カリフォルニア大サンタクルーズ校に実在しています（Schneider, A., & Domhoff, G. W.：http://www.dreambank.net/）。2万例の8割は英語、残る2割がドイツ語ということですが、日本にもドリームバンクを開設しようという計画があるので（岩手大学）、近い将来実現するかもしれません。日本語版ドリームバンクができれば、自分の夢と他の人の夢の差異と共通性が手に取るように分かってきて、自己認識を深めることにもなります。

1―3　夢分析第一段階（ユングの物語構造分析）――夢は四幕劇である

いよいよ、夢分析に取りかかることにします。分析は四段階を踏んで行われます。

一般に私たちは、なぜこんな夢を見たのかその意味を知りたい、と不思議に思うところから、夢に興味をもつようになることが多いのです。フロイトやユングの深層心理学的な夢分析は[1]、まさにそのような自然な問いに応えるべく、考案されたと言っていいでしょう。

けれども、ちょっと待ってください。そもそも夢の世界とはどんな世界かが分からないままで、夢の分析などできるものでしょうか。現実の社会を生きてみない限りその意味が見えてこないのと同じく、夢という世界を十分に探検することなくして夢の意味は見えてこないのではないでしょうか。とはいえ、夢世界の探検といっても、何をどうするところから始めたらよいか、見当がつかないかもしれません。そこで第一段階として推奨されるのが、ユングが始めた夢の物語構造分析です。ギリシャ悲劇の構造分析を行ったアリストテレスの『詩学』(三浦洋 訳、光文社古典新訳文庫 2019) に学び、ユングは、夢を四幕劇として理解することが夢分析の第一歩だとします。

• 序幕 (提示) ——場所、主人公、(場合によっては) 時間の指示から成る。しばしば夢見者の最初の状況を示す。
• 第二幕 (展開) ——緊張が高まり夢の中の状況が複雑化する。
• 第三幕 (クライマックス) ——何か決定的なことが起こるか事態が完全に変化するかする。危機ともいう。
• 終幕 (終結) ——解決もしくは破局を表すが、往々にして欠落することもある。

実際に四幕構成になっているかを、私自身の最近の夢事例で試してみることにします (【夢事例1】)。

【夢事例1】「T大学そばに二階寝室がある」

〈現実の状況〉 2019年11月10日。朝。ザワザワと賑やかな世界にいた。最後の場面しか思い出せない。

〈内容〉T大学のキャンパスを窓から見下ろすマンションの二階が寝室になっていた（事実ではない）。そこから、何かのイベントで人が集まって来るのを、眺めていた。朝だった。トイレに行きたく、シャワーも浴びたいので、寝室内で済ませてしまおうか、それとも階下へ行くべきかと考えた。

すると、後者の考えが即、現実化し、階下へいった。母が起きていた。

そしてすぐ、二階へ戻った（考えただけで、即、瞬間移動した）。

〈付記〉それが、思い出せるすべてになってしまった。目が覚めた当時は、もっと前まで憶えていたはずだったが、ベッドの中で15分ばかりグズグズしているうちに、忘れてしまった。


これを見ると、何となく四幕構成に分析できそうな気がします。つまり、〈内容〉が四段落に分けて記述されているのですが、その四つの段落が四幕にぴったり符合するようなのです。

- 序幕（提示）二階寝室からT大キャンパスを眺めていた。
- 第二幕（展開）トイレに行きたいシャワーも浴びたい。寝室内で済ませてしまうか階下へ行くか考えた。
- 第三幕（クライマックス）後者の考えが即、現実化し、階下へ行くと母が起きていた。
- 終幕（終結）すぐ二階へ戻った（考えただけで即、瞬間移動した）。

というぐあいです（劇と称するには少しショボい内容ですが…）。

ここで、冒頭に「最後の場面しか思い出せない」とあるからには、この夢はもっと長い夢の一部であって序幕や第二幕は忘れられているはずなのに、この部分だけで四幕構成が成立しているようなのは不思議に思われます。これについて私はこう考えています。夢というものは物語の形式をとらない限り、回想され報告されることは難しい。逆に言えば、長い夢の最後の断片だけが回想されるとしても、四幕劇という物語形式をとらざるをえないのだ、と（一般に物語形式の記憶が忘却されにくいことについては、エビングハウス以来の記憶忘却研究でも認められています[2]）。

1－4　夢分析第二段階（異世界分析）――夢は異世界転生である

四幕劇という物語構造が分かったとして、次に行うべき夢世界への探検が、夢の異世界分析です。この聞きなれない名称は、最近のライトノベル、マンガ、アニメのジャンルに、「異世界転生もの」と言われる作品が多いことで思いついたものです。

たとえば、異世界転生ものの代表作とされる『転生したらスライムだった件（1～16）』（原作・伏瀬／漫画・川上泰樹、講談社シリウスコミックス 2015/2021）では、主人公は現実世界では事故で死ぬのですが、気がつくと異世界でスライムとして生まれていました。どうして異世界と分かるかという

図1-1　『転生したらスライムだった件』
（『月刊少年シリウス』HP「作品一覧」より。© 伏瀬・川上泰樹／講談社）

と、自分がスライムになっているのに加えて、ドラゴンや鬼人やドワーフといった空想世界の存在が出てくるし、魔法が支配しているしで、現実世界ではありえないことが次々と起こるからです。

夢を見ることもまた、一時的な異世界転生と考えることができます。

そもそも『世界としての夢』の著者ウスラーの言うように[3]、夢の現象学では夢を現実世界と対等なもう一つの「世界」と見なします。ただ、同じ世界といっても現実世界とは異質だから、「異世界」と呼ぶのです。だから夢の異世界分析とは、夢の中から現実とは違ったところ、ありえないところを見つけ出すことが目的となります。

順序を追って見ていきましょう。

- 序幕：「二階寝室からT大キャンパスを眺めていた」。
　——勤務先だったT大学のキャンパスを見下ろすマンションに住んだことはなく、現実とは違っている。
- 第二幕 → 第三幕への移行：「それとも階下へ行くべきか

と考えた」→「すると、後者の考えが即、現実化し、階下へいった」。夢の記述にもすでに解釈が織り込まれているが、階下へ行くべきか考えただけで階下にいる。これは、思っただけで目的の場所へ瞬間移動する魔法みたいなものであって、まさに異世界である。

- 第三幕：「階下へいった。母が起きていた」。母は八年ばかり前に物故している。物故者が生きていることもありえないことである。
- 終幕：「すぐ二階へ戻った（考えただけで即、瞬間移動した）」。これも記述中に解釈が織り込んであるが、考えただけで瞬間移動する魔法というわけである。

1-5　夢分析第三段階（現象学的分析）——夢世界の原理を手引きとして

いよいよ現象学的分析に入ります。

おさらいをすると、現象学とは、自分自身の体験の世界を観察して記述し、体験の意味を明らかにする学問なのでした。夢なら夢といった体験世界を、その内側に身を置いて観察し研究する学問といってもいいかもしれません。

でも、どうやって「分析」するのでしょうか。すでに今までの物語構造分析と異世界分析によって、夢世界には現実世界と違ったところがあることが分かってきました。現象学では、この、夢と現実で異なる箇所に目をつけて分析します。それには、夢の現象学でいう「夢世界の原理」を手引きとして使うのが便利です。

夢世界の原理がどのようにして現象学から導き出されたかを説明するためには、現象学に入門しなければなりません。というか、その説明に入ることがすなわち現象学入門になるので、次章に回すことにして、ここではまず、夢実例で使って見ることにします。

【夢世界の原理】（拙著『夢の現象学・入門』（講談社選書メチエ 2016, p.23）をもとに作成）

① 現実世界では、想起・予期・空想などの「思い浮かべる」意識は二重構造を備える。「思い浮かべられた当の対象像」と、「思い浮かべているにすぎない」という暗黙の気づきと。夢世界ではこの暗黙の気づきが消滅して、二重構造が一重になる。ゆえに、過去や未来や架空存在を思い浮かべると、「思い浮かべられた当の対象像」だけになってしまう。つまり、それらを「現に知覚し体験している」のと同じことになってしまう。

② 現実世界での小説や映画の鑑賞も二重構造の意識を備える。現実ではたとえハリー・ポッターに夢中になっても、「フィクションにすぎない」という暗黙の自覚がなくなることはない。夢では意識構造が一重なので自覚も失われ、ハリー・ポッターとして魔法学校の授業を受けていたりすることになる。

③ 現実世界での反実仮想が夢世界では現実となる。「もしアメリカに留学していたら今頃外資系

で働いていただろうに」という思いは、夢では実際に留学して外資系で働いていることとして実現する。

④現実世界での「まるで…かのようだ」は、夢世界では「現に…である」となる。落ち込んだり舞い上がったりしても、現実には、まるで落ちこんだり舞い上がったりするかのようであるにすぎないが、夢では「まるで」も「かのよう」も取れて、現に落下したり空を舞ったりすることになる。

夢世界の原理を使って分析するとは、夢世界での出来事を述べた「夢テクスト」から、夢世界の四つの原理によって、現実世界でならそうであったような「現実テクスト」を復元することにほかなりません。「現実テクスト」といってもそのような「現実」が現実にあるわけでなく、夢テクストから導き出されるだけなので、「心理的現実テクスト」と称することにします。

たとえば「空を飛ぶ」というよくある夢テクストは、原理④を使って心理的現実テクストを復元すると、「(うれしさに) 舞い上がる」という意味になります。ただしこれは一つの解釈にすぎません。原理③を用いれば反実仮想の実現であって「もし空を飛ぶことができたなら」と反実仮想的に願望している、と復元できる可能性がありますし、原理①からすると、単に初めての空の旅への期待が、予期が、現実化しているのかもしれません。可能な解釈のどれを選ぶかは、夢見者本人のいろいろな生活歴的情報を参考にして、夢全体をまとめあげることによって、おのずと定まると思います。

夢事例1で、異世界分析で抽出した、現実とは違っている部分について復元作業をしてみましょう。

(1)「二階寝室からT大キャンパスを眺めていた。」

夢世界の原理④が使えそうです。つまり、「まるで…かのように」に復元するのです。「私はリタイア後の今でも、まるでキャンパスを見下ろしている位置に寝室があるかのようにT大での過去の研究生活を身近に感じている」というのが「心理的現実テクスト」となります。

(2)「それとも階下へ行くべきかと考えた」→「すると、後者の考えが即、現実化し、階下へいった」。

原理①が使えます。すでに夢報告にこの解釈が、「考えが即、現実化した」として織り込まれています。「それとも階下へ行くべきかと考え、結局階下へ行くことにして、階下へいった」というのが「心理的現実テクスト」となります(なあんだ、と思うかもしれませんが)。ちなみにこの夢で、トイレを寝室内で済ませてしまおうかと考えるのはおかしく思えますが、母が長くひとり暮らしをしていた実家では二階にも小さなトイレがあり、泊まりに行って二階で寝た際には、どちらを使おうか迷うこともあったのでした。

(3)「階下へいった。母が起きていた。」

故人が生きている夢は、単に原理①より、過去を思い浮かべて(=過去想起)それが知覚的現実化したとも解釈できます。けれどもこの場合は、原理④を使って、まるで母が今も生きているかのように身近に感じている、ということと解釈し、「心理的現実テクスト」とします。

(4)「すぐ二階へ戻った(考えただけで即、瞬間移動した)。」

これも（2）と同じく、階段を使って二階へ戻ったという（心理的現実中の）事態が、夢世界の原理①によって魔法みたいに瞬間移動になっているだけのことでしょう。補足するとこの家は私が高校まで両親と住んでいた古い家で、母が物故して以後は住み手がおらず、時々泊まりに行って管理にあたっているのです。

1－6　夢分析第四段階（夢の意味）——夢という物語に隠れた心理的現実

こうして、夢世界の四つの原理を逆に辿ることで、夢のテクストから「心理的現実テクスト」が次々と復元されて来ます。夢テクストによって表現されている表層的な夢（フロイトのいう「顕在夢」）の、背後の夢の意味が、徐々に姿を現してくるのです。上記の（1）、（2）、（3）、（4）の「心理的現実テクスト」を、夢見者の、つまり私自身の生活歴的情報を参考に総合すると、次のようになるでしょう。

——私はリタイアしてかなり経つが、T大学での研究生活をまるで寝室から見下ろせる場所にあるかのように、今でも身近に感じている。また、母の生前に定期的に泊まりにいっていた古い家に行って二階に泊まると、今でもまるで母が階下にいるかのような気がしている…。

これが、「心理的現実テクスト」を総合することで浮かび上がってきた、この夢の意味になります。夢という表層のテクストの下の「深層のテクスト」が、夢という物語に隠れていた心理的現実が、明るみにさらされたのです。夢分析とは深層のテクストを暴き出す作業といってよいかもしれません。これはフロイトやユングの深層心理学的な夢分析と、狙いは一致します。

次章では、ここで用いた夢世界の原理が、現象学によってどのように導き出されるのかという問題意識をたずさえて、いよいよ現象学の世界へと足を踏み入れることになります。

第2章 現象学超入門（一）——体験世界の志向性構造

2―1 現実世界の体験構造

再三おさらいをすると、現象学とは、自分自身の体験の世界を観察して記述し、体験の意味を明らかにする学問なのでした。（夢なら夢といった）体験世界を、その内側に身を置いて観察し研究するのが、基本的な研究姿勢ということになります[4]。

ところで、学問の第一歩は比較することです。単に体験世界を一つだけ観察し記述しただけでは、日記の段階にとどまってしまい、学問になりそうもありません。そこで、夢世界と現実世界という、異質的な体験世界を比較することが、体験の構造と意味を明らかにする有力な方法になってきます。

ここで、現実世界を物理学的な世界と取り違えないようにしたいものです。現実世界を、科学的知識によって説明される自然科学的世界像として捉えるのではなく、あくまで体験世界として観察しなければなりません。

たとえば物理学の世界では、時間には前後の順序があるだけで、過去⇓未来という、方向が、「時間の矢」が、欠如しています。だから運動方程式は未来に向かっても過去に向かっても同じように解けてしまいます。また、「今」という時間軸上の原点、t=0の点も、どこに置こうが任意です。

ところが体験世界では、「今」は必然的に定まっています（この文章を書いている2020年11月30日というように）。また、「今」を原点として過去と未来という方向が、厳然としてあります。そして、昨日という過去に関わろうとすれば昨日のことを「想起」するのだし、明日という未来に関わるならば明日のことを「予期し」「期待する」ことになります。今、現在に関わるのが、今まさにパソコンの画面を見つめているという、「知覚」です。

時間だけではありません。空間的世界もまた、物理的には等質ですが、体験空間は違っています。「私という主体の前方は明るい認識の場である知的（ロゴス）空間、上方は神秘的空間、側方は情的（パトス）空間、そして背後は無の空間」とは、作家の島崎藤村を大叔父とし、現象学に精通していた精神医学者、島崎敏樹が半世紀以上も前に記した文章です（『心で見る世界』岩波新書 1960 p.14）。

空間の方は難しそうなので措くとして、まず、時間について現実世界の体験構造を観察してみましょう。くりかえしますが、現実という体験世界では、昨日という過去に関わろうとすれば昨日のことを「想起」するのだし、明日という未来に関わるならば明日のことを「予期」することになります。今、現在に関わるのが「知覚」です。これを図解したのが、図2－1ということになります。

「私」から発して予期・知覚・想起の矢印がそれぞれ未来・現在・過去に向かっています。この矢

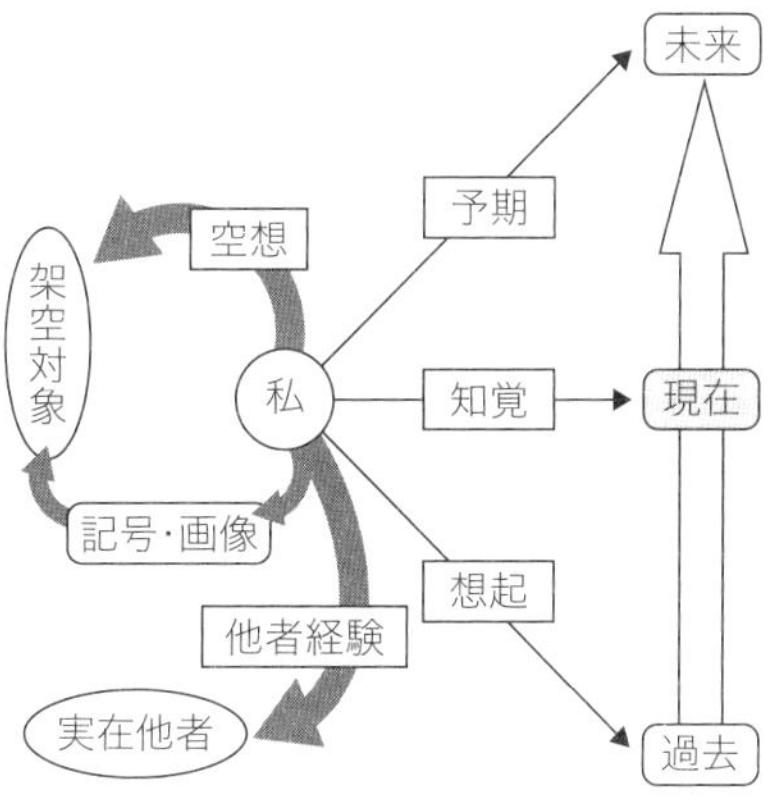

図２－１　現実世界の体験構造

印は私の体験作用の向きを表します。フッサール現象学の用語では「志向性」という聞きなれない語を使います。

志向性は現象学の最も基本的な用語ですが、ひらたく言えば、「…として体験する」「…として意識する」という、意識体験の最も基本的な構造のことです。[5]

たとえば、ふっと会議室の光景が思い浮かんだとして、一週間前の過去の会議の情景として思い浮かべるなら「想起」という志向性になります。明日の会議のこととして思い浮かべるなら、「予期（もしくは期待）」という志向性になります。現に会議に出ているのなら、現在のこととして知覚していることになります。

幾何学の「点」に面積がないように物理学上の「今」も長さがありませんが、図では「現在」に一定の拡がりがあるように描かれています。実際、体験現象としては「現在」に幅があることが、アメリカ心理学の祖、ウィリアム・ジェームズ以来知られていて、実験的にも0・3秒から数秒の間「現在」が続くことが、確かめられています。フッサールもこの説を踏襲し、「現在」の体験構造をさらに踏み込んで分析していますが、夢世界との比較にはこれで十分でしょう。

また、同じ会議室の情景でも、名だたる魔術師が顔をそろえた魔法学校の教授会として思い浮かべることもできます。これが、図の左上にある、空想という志向性になります。

魔法学校のような虚構上の架空対象は、単に空想するだけでなく、絵に描いたり、小説で描写したりすることもできます。机の上に、ハリー・ポッター物語のページが開かれているとします。それが（私のまったく読めない）アラビア語版なら、白い紙の上にのたくった黒い模様を知覚するにすぎません。けれども日本語版なら模様を文字という記号として読むことを通じ、魔法学校という架空対象として体験することになります。挿絵があればそれも、同一の架空対象として体験できます。図では、「記号・画像」という志向性としてまとめておきました。

記号・画像という志向性の特徴は、図のように二段構えになっていることです。文字（＝記号）や挿絵（＝画像）を紙の上のインクの染みとして単に知覚することもできれば、魔法学校の教授会という架空対象を描写するものとして読んだり鑑賞したりすることもできます。後者の場合、紙とインクの染みはいわば「透明化」されてしまいます。

一番下には、「実在他者」への「他者経験」という志向性が描き込まれています。現象学では、他の人を自分と対等の意識体験を備えた存在として経験する他者経験は、まったく独自の領域を形成しているのですが、難しくなるので後の方の章で触れることにします。なお、「実在他者」とあるのは、

「架空他者」もありえるからです。ハリー・ポッター物語に夢中になって自分がハリー・ポッターであるかのように感じていると、ダンブルドア校長や友人のハーマイオニーが架空他者として現れることになります。もちろん、ハリー・ポッターだって、現実世界の私にとっては架空の他者なのですが。

2-2　夢世界の体験構造

――未来や過去を現在として生きる夢、空想や小説を現実として生きる夢

次に、現実世界での体験構造が夢世界でどのように変容するかを、実例に即して見てみましょう。まず、昨日という過去に関わろうとすれば昨日のことを「想起」し、明日という未来に関わるならば明日のことを「予期」するという現実世界の時間体験は、夢世界ではどうなっているでしょうか。次の【夢事例2】を見てください。

【夢事例2】「明後日の予定が実現している夢」

〈現実の状況〉2015年10月26日。最近、ドイツ語の会話を始めようと思い立ち、赤坂にあるゲーテ・インスティチュート（ドイツ政府肝いりの日独文化交流機関）に行って説明を受けた。中途からの入学には筆記とドイツ人との会話から成るレベルチェックを受けねばならないという。

会話はまったくダメなくせに筆記テストでヘタに高得点が出たりしたら、上級クラスに入れられて苦労しそうなので、筆記では零点が出るようにしなければ、などと考えた。

そのレベルチェックに予定しておいた日の二日前に、次のような夢を見たのだった。

〈内容〉まず、受付に行って、窓口でスタッフと話す。日本人だったかな。隣の窓口でも、他の人が、同様なやりとりをしていた。

その後、相手が通路まで出てきて、四角で囲んだ5の数字の記してある紙片を渡す。「パーフェクトです」と言う。それも、A2のレベルだという。会話はまったくダメなはずなのに、不相応に高いレベルに編入では困った、と思った。聞き取れなくとも相手のみぶりで分かってしまった、ということなのだろうか。

隣の人は、「2」らしい。これが、筆記テストらしい（などと、筆記をした覚えもないのに、考えた）。次にドイツ人と会話するテストだ。窓口で相手をした、私の担当の日本人スタッフが、ドイツ人を探しに行く。先刻の窓口カウンターの内側で、何かやっているドイツ人に、「ちょっと」といった感じで合図をする。ドイツ人が通路に出てくる。とりあえず、"Guten Tag"と言おうかな、などと思っているうちに目が覚めた。

〈付記〉ちなみに気が変わってレベルチェックには行かなかったので、予知夢にはならなかったらしい。

なんと、現実の予定に先んじて、夢の中でレベルチェックを受けてしまったのです。

未来に予定していた出来事が、夢の中で早々と実現してしまうという夢は、よく聞くところだし、私自身も何度かそのような夢を見たことがあります。けれども、この【夢事例2】ほど、未来の「予期」が夢では現実の「知覚」になるという夢世界の原理①を、鮮やかに示してくれた夢はありません。というより、この夢を見たことがきっかけとなって、夢の現象学の構想ができあがったというのが本当のところなのですが[6]。

では、過去の「想起」の方はどうでしょうか。ごく最近見た夢の例を、【夢事例3】に挙げておきます。

【夢事例3】「二十年前の過去を現在として生きている夢」

〈現実の状況〉２０２０年８月10日。未明３時ごろ。

〈内容〉Ｔ大にいた。

だだっ広いグラウンドがそのまま屋内に取り込まれたような場所だった（といって体育館でもないようだった）。

半ば強要されるようにして、新学科構想を立てて誰かに説明しているのだった。

「心理が、私と教職のＳさんの二人しかいなくて…」とか言っていた。理科系大学の中に実質的な心理学科を作ろうとしているのだった。…また新学科構想かと、自分でもうんざりしながら、構想を練ったり人に説明したりしていた。

そのうち、目が覚めた。

〈付記〉 もっと長尺の夢だったが、記録すべきか迷っているうちに、あらかた蒸発してしまった。学部長と共に本部にS学長を訪ねて、新学科構想を説明したときのことが、思い起こされる。「こんなことをやってるくらいなら論文の一つも書いた方がいい」と、S学長は、まことに著名な癌研究者にふさわしい正論を返したのだった（私も内心、まったく同感だった！）

夢の中では、二十年前の過去を現在として生きているのだ。新学科構想でも立てなければ大学には生き残れないみたいな空気のあった、やりきれない日々。


「夢の中では、二十年前の過去を現在として生きているのだ」と〈付記〉に記しておいたとおり、現実世界では想起するにとどまっていた20年前の過去を、現在の現実として体験しているのです。これもまた、過去の「想起」が夢では現実の「知覚」になるという夢世界の原理①の、鮮やかな例証になっているのです。

現実世界では未来の予期や過去の想起だったものが、夢世界では現在のこととして体験されるだけではありません。次の**【夢事例4】**のように、現実世界での単なる空想物語を夢では現実として体験する例は、決してまれではありません。

【夢事例4】「『七つの月が昇る時…』という俗謡に導かれて宝探しをする夢」

〈現実の状況〉たぶん、2004年10月とおぼしい、日付のない夢…。

〈内容〉その夢の中では私は民俗学者で、何人かの連れと、ある村で宝探しをしていたのだった。そのきっかけは、その村で、「ひとつとせ、七つの月が昇るとき、昇るとき…」という俗謡を、子どもたちが歌っているのを聞いたことにあった。

「七つの月」とは、七つの穴を通して月が七つに見える地点のことらしかった。山深く、岩壁の穴を通して月が七つに見える場所があり、それが宝のありかへの手がかりになっているのだった…。

〈付記〉目が覚めた直後には、そのままで小説になりそうな完璧なストーリーに思われたが、書きとめているうちに荒唐無稽なのに我ながらあきれてしまった。そもそも、月を七つの穴を通してみると七つに見えるという設定が、そのままでは物理学的に不可能だ。そのときのノートには、確かに七つの穴を通して月が七つに見えるメカニズムが図解されているが、両端に近い穴では月からの光線が、凸レンズを通る際のように屈折して、再び目に収束するように描かれている。もし、岩壁の穴にレンズが嵌っていたならば、可能になるわけだが…。

この夢は、かなり前に見て、たいへん強い印象を残したものです。付記にあるように、謎解きは荒唐無稽とはいえ、わらべ歌に導かれて宝探しをするなど、横溝正史の探偵小説にでもありそうな設定です。といってそのような小説なり映画なりを鑑賞したというおぼえもないので、「想起」というより「空想」なのでしょう。しかも、夢の著しい特徴は、単に空想するだけではなく、私自身、その世界を民俗学者として生きていた、という実感が確かに残ったことです。

どこか別の時空で民俗学者として、現在の人生とは別の人生を送っていて、この夢は、そんな別の人生をかいま見たのだ…。そんな気さえしたのでした。

横溝正史ついでに、彼の作品世界の中に入り込んでしまった夢の例を、挙げておきます。まだインターネットがなかったころの古い夢ですが、当時やっていた同人誌に、「夢日記」として掲載していた記事から採りました。この例では、最初からいきなり小説の主人公として出てくるのですが、現実に小説を読みながら寝入ってしまい、夢の中で続きを読んでいるうちに小説世界に入り込み、主人公として活躍する、といった夢を見たこともあります。

【夢事例5】「名探偵金田一耕助になった夢」

〈現実の状況〉 1977年11月13日

〈内容〉 私は名探偵金田一耕助になって新幹線に乗っていた。岡山から伯備線に乗り換え、鳥取県境に近いとある小駅で降りる予定であった。何となく、そのあたりの村で私を必要とする事件が発生する、という予感がしたのだった。

車中で私は、金田一探偵の活躍する横溝正史の小説を読んでいた。気がつくと私のそれまでの行動が、小説にそっくりそのまま描かれているのであった。現実と小説との間には、時間的な一致さえある。静岡を過ぎると弁当売りが来た、という箇所を読んでいると、実際に弁当売りが来る。買って食べながら次のページをめくると、金田一耕助は弁当を買って食べながら次のページをめくった云々と書いてある。この調子ならこれからは、小説のとおりに行動すればいいわけだ、と私は思った。（後略）。

この夢では金田一耕助という「架空他者」に「なる」のですが、それとは別に、実在の他者に「なっている」という夢も見たことがあります。大学の同僚のような身近な他者になったこともあれば、夢でユング論を書いているうちにユングが登場し、やがてユングになってしまったこともあります。その場合、現実世界での「他者経験」という志向性は「自己経験」へと変容するわけです（他者経験という志向性については、第5章5－2（3）「付論――他者問題とは何か」で学びます）。

そのような、夢世界における志向性の変容を描き出したのが、図2－2となります。御覧のように、「他者経験」が「自己経験」に変容している以外は、予期や想起、空想や記号・画像がことごとく、「知覚」へと変容しています。

現実世界と夢世界では、このように志向性が変容してしまっているという違いが見出されるとして、では、なぜ、このように志向性が変容してしまうのでしょう。それが次の問題であり、それにはいよいよ、現象学の最も基礎的な学説である、意識の志向性構造について学ばねばなりません。

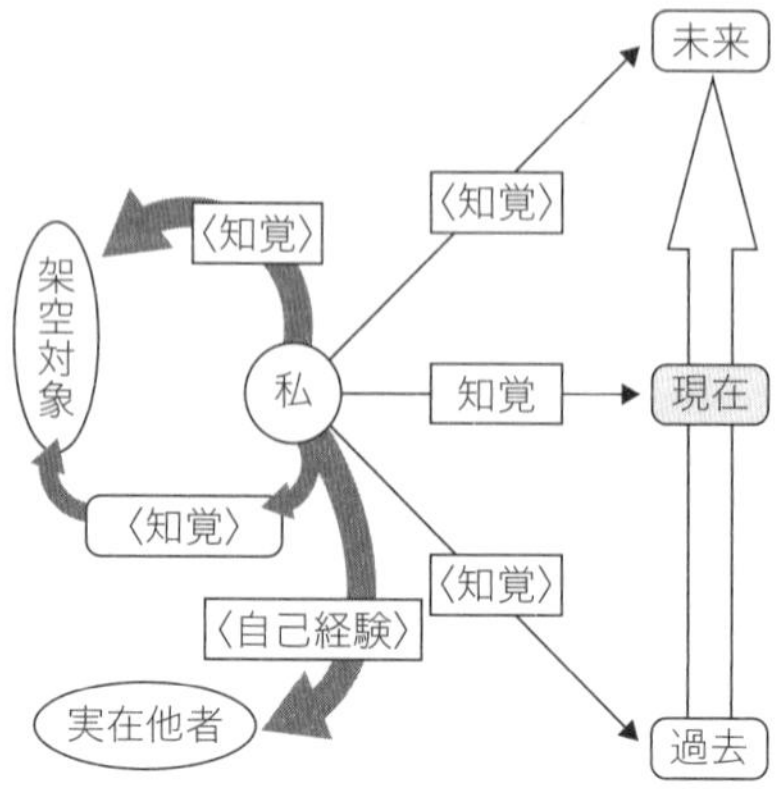

図2-2　夢世界の体験構造

2-3　意識の志向性構造

　再三おさらいをすると、志向性とは、「… として体験する」「… として意識する」という、意識体験の最も基本的な構造のことなのでした。このことを初めて指摘したのが、オーストリアの心理学者で哲学者のブレンターノ（1838-1917）でした。志向性の説は、ブレンターノが1874年に出版した主著に初めて現れるのですが[7]、その弟子で一般に現象学の創始者とされている哲学者フッサール（1859-1938）は、これをもって現象学が事実上始まったと見なしています。

　とはいえ、いろいろな志向性を比較して分類したのは、やはりフッサールが初めてのようです。学問的認識の第一歩は比較であるとすでに書きましたが、比較すべき対象が増えると、お互いに共通なところと違ったところが

表2-1　フッサールにもとづく志向性分類表

志向性の種類	意識の様相	解説
知覚する（現前化）	**知覚・** 原印象	知覚的現在は瞬間ではなく一定の拡がりを持つ。たとえば、ベートーベン『運命』の冒頭、ジャジャジャジャーンというメロディの一節で、三番目のジャが原印象だとすると、それ以前のジャジャは想起せずとも現在に留まっている過去把持であり、最後のジャーンは思い描かずとも自ずと知覚的現在に現れる未来予持である。
	知覚・ 過去把持	
	知覚・ 未来予持	
思い浮かべる（＝知覚以外） （準現前化：独語 Vergegenwärtigung）		準現前化のドイツ語vergegenwärtigenは、日常語としては「ありありと思い浮かべる」という意味。現に今、現れていないような対象を思い描く作用。
実在確信を伴って思い浮かべる（定立的準現前化）。空想と異なり、存在した・している・するだろうという確信をもって思い浮かべること。	**予期**	明日予定されている会議の光景を思い浮かべる等。未来予持に比べて能動的な作用。
	想起	昨日のコンサートの情景を思い浮かべる等。過去把持に比べて能動的な作用。
	現在想起	外から家の内部を思い描く場合のように、実際に知覚することなくして、現在、存在しているものとして思い浮かべる。
空想のように、実在確信なくして思い浮かべる（非定立的準現前化）。	**空想**	一角獣のような架空の対象を思い浮かべる。
	記号・画像	たとえば、読書で文字を記号として物語の中に入り込む。／絵をある人の肖像として見る（画像であって実物でない以上、その人の実在非実在にかかわらず非定立的準現前化）。
向現前化 （Appräsentation）	**他者経験**	他者を自分と同様に知覚したり思い浮かべたりする意識体験の主体として経験すること。

見えてきて、何らかのかたちで分類をしてみたくなるものです。学問的認識の第二ステップは分類なのです。表2－1にフッサールの論述をもとにした志向性の分類表を掲げておきます。面倒くさそうな表ですが詳しいことは後回しにして、まず太字の部分だけを注目してください。すると、志向性が大きく三種類に大別されていることが分かります。

第一に、「知覚する」という志向性。

第二に、「思い浮かべる」という志向性。

第三に、「向現前化」という志向性。[8] これは中欄に見るように「他者経験」のことです。つまり、私たちの意識体験は、①「眼前のものを知覚する」か、②「今ここにないもの（事）を思い浮かべる」か、③「自分以外の他の人を自分と同様の意識体験の主体として経験する」かという、三つのうちのどれかだということです。

ここで、①や③を後回しにして、②に注意を向けることにします。なぜなら、「②思い浮かべる」志向性こそが夢世界でいろいろな変容を受けているらしいということが、これまでの考察で分かっているからです。

「②思い浮かべる」という志向性は、表によるとさらに二種類に大別されます。

一つは、過去の想起や未来の予期のように、「現実のことだった／現実になるだろう」という実在確信を伴って思い浮かべる場合です。もう一つは空想のように、現実のこと（実在）と思うことなく思い浮かべることです。

二十年前を想起するとき、私は、【夢事例3】の言い回しを借りると、「新学科構想でも立てなければ大学には生き残れないみたいな空気のあった、やりきれない日々」として、実感を伴って思い浮かべます。それでも、「それは済んだことだ、今、現在はそうではない」と、自覚しているのです。

一方、「民俗学者で、何人かの連れと、ある村で宝探しをしていた」という話を空想するときは、現実のこと（実在）と思っているわけではありません。むしろ現実ではないということの気づきを伴って思い浮かべるのです。

このような違いがあるにしても、「②思い浮かべる」という志向性の共通の特徴は、思い浮かべながら「今、現在はそうではない」「現実ではない」という、自覚を伴うということなのです。思い浮かべるとき、私たちの意識は、いわば二重構造となっているのです。あることを思い浮かべつつ、それは現在のことでも現実のことでもなく思い浮かべているにすぎないと、心の隅で気づいているのです。

これに対して、「①知覚する」という志向性では、そのような意識の二重構造が認められません。私は今、スターバックスでパソコンをひろげてこの原稿を書いていますが、私が知覚している喫茶店内の様子は過去の想起でもなく未来の予想でもなく、ただの空想でももちろんなく、現在であり現実にほかならないのです。

知覚する意識が一重構造なのに対して、想起や予想や空想のような「思い浮かべる」意識では、二重構造の志向性になっているのです。過去に入った喫茶店や明日行くだろう喫茶店や、空想上の喫茶店の情景を思い浮かべるときには、同時に、「思い浮かべられた喫茶店は今の現実ではない」という自覚が、もう一つの志向性として伴っているのです。

知覚意識と思い浮かべる意識とでは、志向性が一重か二重かの構造上の本質的な違いがあるのです。これは、一世紀以上前にフッサールが志向性論を展開した際に出発点とした、重要な発見です。[9]

2-4 夢世界での志向性構造の変容――「夢世界の原理①②」の解明

ところが夢世界ではどうでしょうか。

すでに前節の四つの夢事例――未来が現実化している、過去を現在として生きている、空想やフィクション（小説）を現実として生きている――で分かるように、未来の予期も過去の想起も現在の知覚となり、空想とフィクションもまた現実の知覚となっているのです。つまり、予期や想起や空想や記号・画像といった、思い浮かべるという志向性はすべて、現在の現実の知覚へと変容してしまっているのです。

これは、思い浮かべるという志向的意識にあった二重構造、思い浮かべると同時に、それは現実ではないと気づくという志向性の二重構造が、一重構造へと変容した結果なのです。このことを、図2-3に図解しておきました。そしてこれがまさに、「夢世界の原理①②」で述べられていることなので

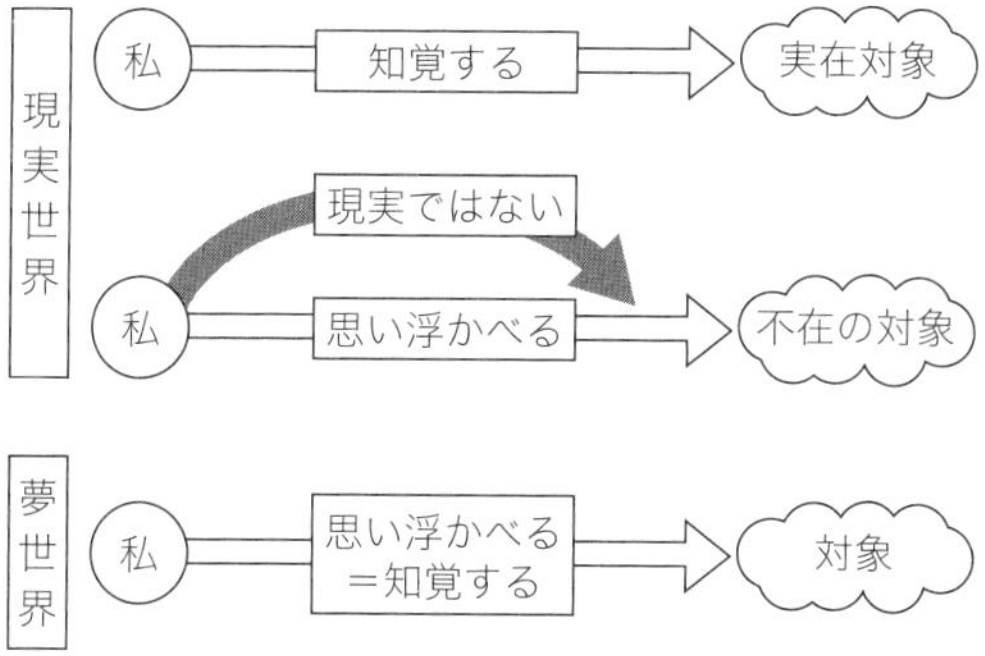

図2-3　現実世界と夢世界の志向性構造の比較

表2-2　夢世界の原理・前半（①②）

① 現実世界では、想起・予期・空想などの「思い浮かべる」意識は二重構造を備える。「思い浮かべられた当の対象像」と、「思い浮かべているにすぎない」という暗黙の気づきと。夢世界ではこの暗黙の気づきが消滅して、二重構造が一重になる。ゆえに、過去や未来や架空存在を思い浮かべると、「思い浮かべられた当の対象像」だけになってしまう。つまり、それらを「現に知覚し体験している」のと同じことになってしまう。 ② 現実世界での小説や映画の鑑賞も二重構造の意識を備える。現実ではたとえハリー・ポッターに夢中になっても、「フィクションにすぎない」という暗黙の自覚がなくなることはない。夢では意識構造が一重なので自覚も失われ、ハリー・ポッターとして魔法学校の授業を受けていたりすることになる。

す（表2－2として「夢世界の原理①②」を抜粋しておきます）。

2-5 レイコフのメタファー論――「夢世界の原理③④」の解明

続いて、夢世界の原理の後半の説明に移ります。最初に抜粋を表2－3として出しておきます。

表2－3で見ると、原理③は、①②の延長線上で、特に①の「空想」の特殊例として理解できそうです。ただし、民俗学者として村で宝探しをするといった純然たるファンタジーと違って、自分の過去の特定の時点までさかのぼり、そこからありえた別の現在にいたる道筋を系統的に空想するのですから、「想起」も関係してきます。それでも、①の中に含めずに原理③として独立させたのは、これが、フロイトの、夢は願望充足であるという説と、ぴったり重なると思うからです。

次に原理④に移りますが、これは今までの三つの原理とは違って、フッサールの現象学ではなく、アメリカの認知言語学者、レイコフのメタファー論にもとづいています（レイコフとジョンソン『レトリックと人生』巻末「読書案内」〈2〉頁参照）。

レイコフは、「責任が重い」だの「話が通じる」だの、さらには表にある「落ち込む」「舞い上がる」だのといった、普段からなにげなく口にしている言い回しにメタファー（比喩）が含まれていることを組織的に指摘して、ルートメタファー（根源比喩）と名づけました。[10] 実際、荷物が重いのと同じよ

表2-3　夢世界の原理・後半（③④）

③ 現実世界での反実仮想が夢世界では現実となる。「もしアメリカに留学していたら今頃外資系で働いていただろうに」という思いは、夢では実際に留学して外資系で働いていることとして実現する。
④ 現実世界での「まるで‥‥かのようだ」は、夢世界では「現に‥‥である」となる。落ち込んだり舞い上がったりしても、現実には、まるで落ちこんだり舞い上がったりするかのようであるにすぎないが、夢では「まるで」も「かのよう」も取れて、現に落下したり空を舞ったりすることになる。

うに物理的に責任が重いわけでもなく、話が通じたからといってあなたと私の間の目に見えない導管に液体が流れたわけでもありません。

つまり、「責任」だの「話の理解」だの、さらには憂鬱・歓喜のような感情状態といった、多かれ少なかれ抽象的な事態を表現するのに、私たちの祖先は、物理的な荷物や導管や落下上昇といった、具体的な事態を示す表現を転用することで済ませたらしいのです。これが、多くの日常表現にメタファーが含まれている理由です。

ところが、夢世界では、もとになった具体的事態が戻ってきてしまうようなのです。レイコフはこれに着目して、独自の夢分析の方法を提案しています。[11] ここでは、それに立ち入ることはしませんが、レイコフの夢分析の方法もまた、現象学にもとづいて理解できると言っておきましょう。

つまり、「ああ、責任が重い」だの、「落ち込む」だのと思っても、トランクが重いのと同じような意味で責任が重いわけでもないし、子どものころに遊び場で落とし穴に落ちたときと同じような意味で、落ち込んでいるわけではありません。そのことを、現実世界では私たちは、知っているはずなのです。普段は気づかなくとも、指摘されれば、「ああそうか」とわれに返ることができるのです。

ところが夢世界では、まさにこのような気づきが消滅してしまいます。だから文字通り、責任が重いという抽象的な事態が、重荷を背負っている具体的な夢になるし、気分が落ち込んだ状態が、沼の底へとはてしなく沈んでゆく夢になるというわけです。

物理的に重荷を背負っているわけでも、沼に落ちているわけでもない、という気づきが消滅すると は、現実世界での二重意識構造が、一重意識へと、構造変化することにほかなりません。志向性の二重構造が一重構造へと変容するという、現象学によって明らかにされた夢世界の原理は、ここでも貫徹しているのです。

夢世界の原理が現象学でどのように導き出されるか、考え方はほぼ分かったことと思います（厳密な導出には現象学的分析段階進行表というものを使うのですが、それについては第7章7－2で改めて解説する予定です）。次章は短い章ですが、夢の物語論的現象学分析を続けることで、手作りの科学としての夢研究を本格的に始めたいという読者のために、二つばかり夢分析の実例をお目にかけます。夢分析よりも現象学そのものを早く知りたいという読者は、次章をスキップして第4章に進んでも差し支えありません。

第3章　夢シリーズの物語論的現象学分析

「夢シリーズ」と名づけましたが、夢分析というものは、一連の夢のシリーズを分析することが基本です。シリーズといっても、よくある「続きもの」ということではなく、何らかの基準にもとづいて収集した複数の夢記録、といったような意味です。私は最初、夢の物語論的現象学分析の着想を得た日の前日にブログに記録した夢からさかのぼって、日付の逆順に得られた五つの夢記録を、夢シリーズと見なし、機械的に日付順に分析したのでした。[12] その結果、この分析方法がうまく行く（＝妥当である）ことが分かって、本腰を入れてこの分析法の研究に取りかかったのでした。

なぜ単独でなく複数の夢記録を分析するかというと、前にも書いたように、学問的認識というものは比較から始まるからです。科学の世界では「再現性」ということが重視されることは、テレビの科学報道などでおなじみになっていますが、現象学では再現性にあたるものが、同じ分析法を複数のデータに適用して、納得の行く分析結果を生み出せるという方法論的妥当性です。どうでもいいことのように思われますが、研究する場合には重要なことになるので、次章以降でも機会があれば触れてゆくことにします。ただし、本章ではスペースの都合で、五つの夢記録のうち、すでに【夢事例1】

としてあげたものを除いては、二番目と四番目だけを取り上げて、【夢事例6】【夢事例7】と名づけて分析しています（残る二つの夢については、ブログ『夢日記・思索幻想日記』（URLは「あとがき」参照）に載せておきました）。

3－1　【夢事例6】「海の彼方からの侵略で逃げ惑う夢」

〈現実の状況〉２０１９年11月17日。

〈内容〉海のそばに建つ大きなマンションのような建物の中に、たぶん十人前後の仲間たちといた。何かが海の彼方から侵略しに来るというので、建物の内部を逃げ惑《まど》っていた。宇宙人かもしれない。でも、私たち以外の人々は、知らないようだった。

マンションも危なくなったので、隣する、研究所らしき敷地に、無断で入り込んだ。窓の中に、所員らしき人影が、デスクワークにいそしんでいるのが見えた。

と、警戒音が鳴り響く。とはいえ、研究所の中の人々に目立った動きはないので、無視して敷地を突っ切る。

〈付記〉憶えているのはこれだけだ。本当はもっと長いストーリーがその前にあったはず。目ざめてすぐメモしておけば芋づる式に夢全体がたぐり寄せられると思って、3行ほどメモをしておいたのだが、正午ごろになってこうして書きだして見ても、メモ以上には何もよみがえらない。

ユングの物語構造分析（夢分析第一段階）

- 序幕（提示）　海のそばに建つ大きなマンションのような建物の中に、たぶん十人前後の仲間たちといた。
- 第二幕（展開）　何かが海の彼方から侵略しに来る〜建物の内部を逃げ惑《まど》っていた。宇宙人かも〜私たち以外の人々は、知らないようだった。
- 第三幕（クライマックス）　マンションも危なくなったので、〜窓の中に、所員らしき人影が、デスクワークにいそしんでいるのが見えた。
- 終幕（終結）と、警戒音が鳴り響く。とはいえ、研究所の中の人々に目立った動きはないので、無視して敷地を突っ切る。

異世界分析（夢分析第二段階）

- 序幕　現実には覚えがないが、そのようなことがあったかもしれない。
- 第二幕　宇宙人かもしれない何かが海の彼方から侵略しに来ることを知っているのは「私たち」だけ。現実にはありえない空想的設定。

- 第三幕。第二幕からの流れとしてはありうる展開。
- 終幕。第三幕からの流れとしてはありうる展開。

現象学的分析（夢分析第三段階）

第二幕について表2－2、2－3（35頁、37頁）の「夢世界の原理」①と④を適用する。①から、「宇宙人かもしれない何かが海の彼方から侵略しに来ることを知っているのは『私たち』だけ」と空想した。④から「あたかも宇宙人のような何かが彼方から侵略しに来るかのように私はこの世界を感じている。しかもこの脅威を知っているのは『私たち』だけという孤立感がある」。

第三幕、終幕。第二幕からの流れとして自然の展開なので、第二幕で設定された世界観の延長として捉えられる。

夢の意味（夢分析第四段階）――深層のテクスト

第二幕に集約される――私は「宇宙人かもしれない何かが海の彼方から侵略しに来るらしい。このことを知っているのは『私たち』だけなのだ」と空想する。それは「あたかも宇宙人のような何かが彼方から侵略しに来るかのように私はこの世界を不安定に感じていて、しかもこの脅威を知っているのは『私たち』だけという孤立感がある」からである。

3−2 【夢事例7】「子犬が蝉になる夢」

〈現実の状況〉２０１９年12月４日。前の方は憶えていない。

〈内容〉子犬のような何かと友だちになったのだった。

そのうち、その何かは、ビニール製の犬小屋のような中に籠もってビニール製の壁にくっつき、「アリガトウ」と呟く。そして、動かなくなった。蛹《さなぎ》になりつつあるのが分かった。

背中が次第に割れて、巨大な蝉《せみ》が姿を現す。

その後、蝉は、飛んで行ったわけではなく、ペット屋みたいなのがいて、そこに貰われて行った。

そこに、妻が戻ってくる。せっかくの脱皮の場面は見なかったのだが、何か言った。

私は、これがそうだ、と、ペット屋の屋台のようになった店先を指差す。

このあたり、店先の光景は、記憶が薄れてぼんやりしているのか、それとも元々ぼんやりした光景だったのかは分からないが、はっきりしない。後者かもしれない。夢の中で、ずいぶんぼんやりしてるな、と思ったことを覚えているような。

〈付記〉脱皮して巨大な蝉が現れるのは、涼宮ハルヒシリーズの「エンドレスエイト」で、〈主人公の〕キョンが、等身大の蝉が戸口を叩く場面を想像して気分が悪くなったというくだりを、連想させる。

「アリガトウ」は、同じシリーズの『涼宮ハルヒの消失』で、〔ヒロインの〕長門有希がキョンに、「ありがとう」という場面を連想させる。*

＊引用者註：「涼宮ハルヒシリーズ」は、谷川流によるライトノベルおよび京都アニメーション制作のアニメ化作品。「エンドレスエイト」（谷川流『涼宮ハルヒの暴走』所収。角川スニーカー文庫、2004）も『涼宮ハルヒの消失』（谷川流、角川スニーカー文庫、2004）もシリーズ中のエピソードである。文中〔〕内は本書での注記。

ユングの物語構造分析（夢分析第一段階）

- 序幕　子犬のような何かと友だちになったのだった。
- 第二幕　そのうち、その何かは、ビニール製の犬小屋のような中に籠もってビニール製の壁にくっつき、「アリガトウ」と呟く。そして、動かなくなった。蛹になりつつあるのが分かった。
- 第三幕　背中が次第に割れて、巨大な蝉が姿を現す。
- 終幕　その後、蝉は、飛んで行ったわけではなく、ペット屋みたいなのがいて、そこに貰われて行った。

夢はまだ終わっていないが、これだけで四幕構造として完結している。だから、「そこに、妻が戻ってくる」のくだりは、別の物語のようで、そこにも四幕構造が見て取れるように思われる。
- 序幕　そこに、妻が戻ってくる。
- 第二幕　せっかくの脱皮の場面は見なかったのだが、何か言った。
- 第三幕　私は、これがそうだ、と、ペット屋の屋台のようになった店先を指差す。
- 終幕　このあたり、店先の光景は、記憶が薄れてぼんやりしているのか、それとも元々ぼんやりした光景なのかは分からないが、はっきりしない。後者かもしれない。夢の中で、ずいぶんぼんやりしてるな、と思ったことを覚えているような。

このように構造化してみると、後の物語の中で前の物語が話題にされているという、入れ子構造が認められます。ただし、劇でよくあるように前の物語が単に劇中人物によって話題にされた、というだけではなく、後の物語よりもむしろ迫真的に体験していると感じられています。かえって後の物語は、「夢の中で、ずいぶんぼんやりしているな、と思った」とあるように、夢の映像を半分醒めた意識で評価しているようなところがあり、迫真性が薄れているようです。

異世界分析（第二段階）＋現象学的分析（第三段階）

煩瑣なので二段の分析を一段にまとめます（もともと、異世界分析は、現象学的分析の予備段階として位置づけることも可能なので、まとめることに違和感はないでしょう）。

前の物語について。

図3-1　アニメ「涼宮ハルヒシリーズ」の一場面

サークル活動で市中探索をする途中で図書館に寄ったキョンと長門有希（『涼宮ハルヒの憂鬱Ⅲ』、京都アニメーション制作 ©2006 谷川流・いとうのいぢ／SOS団）

なお、「涼宮ハルヒシリーズ」の世界観について一言しておく。北高一年生の涼宮ハルヒは、退屈な日常から脱出するために、級友のキョンと一緒にＳＯＳ団というサークルを結成して、宇宙人と未来人と超能力者探しを始める。そこに加わったのが宇宙人の長門有希、未来人の朝比奈みくる、超能力者の古泉一樹であるが、ハルヒだけはその正体を知らない。物語は、ハルヒが無意識に巻き起こす超常的事件を他の団員が解決してまわることで進行する。隠れたテーマが、無口で読書好きな宇宙人製アンドロイド長門有希の自我と感情と（たぶん）恋のめざめであり、シリーズ４作目の『涼宮ハルヒの消失』で前景化する。

- 序幕～二幕～三幕～終幕　「子犬のような何か」→「蛹」→「蝉」→「ペット屋に貰われていく」という推移。連想すれば以下のように背景となる物語が見えてきます。
- 第二幕「子犬のような何かは「アリガトウ」と呟くと・・・」は、『涼宮ハルヒの消失』の中でヒロインの長門有希が、ありがとう、と主人公のキョンに言う最後の場面を連想させる。
- 第三幕　巨大な蝉は、同じシリーズの「エンドレスエイト」の中で、等身大のセミが恩返しに来て戸口にいるのを想像して気分が悪くなった、というキョンの語りを連想させる。「涼宮ハルヒシリーズ」の世界観が背景にあると分かってくる（図３－１参照）。そうすると「子犬のような何か」も、シリーズの初期のエピソードで、サークル活動で長門有希とペアで市中探索をすることになったキョンが「『行くか』／歩き出すとついてくる。だんだんとこいつの扱いにも慣れてきた」（谷川流『涼宮ハルヒの憂鬱』角川スニーカー文庫、2003, p.155）という場面を連想させる。宇宙人妄想に囚われている無口で無表情の少女と思ったのだが、キョンに対しては従順なのである。そこから、「子犬のような何か云々」は、子犬のような長門有希が巨大セミのように恩返しに来て、「アリガトウ」と言う、というように、涼宮ハルヒシリーズの世界観を踏まえたメタファーと解しうることが分かってくる。

後の物語について。

一転して現実にありうる話になる。空想的な物語は妻への話の中に入れ子になり、証拠として「これがそうだ、と、ペット屋の屋台のようになった店先を指差す」が、「店先の光景は、記憶が薄れてぼんやりしているのか、それとも元々ぼんやりした光景なのかは分からないが、はっきりしない」と、もはや証拠として機能しなくなっている。

夢の意味（第四段階）——深層のテクスト

思い切ってまとめます。

——「涼宮ハルヒシリーズ」での、（一人称で語る）主人公キョンとヒロインのひとり長門有希との（実際の物語では長門有希の悲恋に終わった）恋物語を、現実に体験したかのように感じていて、それを妻に話す。けれど、その現実性を証拠立てることができないでいる。

このように、夢の物語論的現象学分析の着想を得た日からさかのぼってブログに書き込んであった夢記録シリーズを、日付順に分析してみて、この分析法で夢の意味まで到達できる！という確信を、私は得ることができたのでした。

これらの夢分析事例で最後に導き出される「夢の意味」は、「仮説」のように響くかもしれません。すると、仮説の真偽をどうやって検証したらよいのかという、やっかいな科学方法論な問題が持ち上がるような気がします。そもそも夢は、難しく言えば一回生起的な現象であって、試験管の中の化学反応のように再現性があるわけではなく、検証も反証もできません。

毎日のお天気や地震の発生もまた、一回生起的な現象です。けれども少なくとも明日の天気を「予報」することはでき、地震も「予知」の研究が進んでい（るという建て前になってい）ます。けれども、今夜の夢の予報はできそうにありません。このように、再現性や予測による仮説の検証ができないため、現代科学では夢の意味の分析といえば、フロイト派の分析にしてもユング派の分析にしても、胡散臭い非科学的なものと見なされてしまうわけです。

けれども、次章でも見ていきますが、現象学では仮説を作らないのです。ここに抽出された夢の意味とは、ある夜のある状況で見られた特定の夢という「視点」を通して見られた「心理的現実」であって、検証も反証もされるべきものではないのです。より多くの夢事例を集め、データ分析を続けることは、より多面的な視点を通して眺めることで、最初の洞察が普遍化され精緻化されていくという過程であって、仮説を作って検証・反証するという自然科学の研究過程とは違うのです。これは大事な点なので、次章以降でも、折に触れて明らかにしていくつもりです。

3-3 夢という現象学の王道を歩んでこそ得られる、内面世界への確信

次章に入る前に、夢を現象学することの意義を振り返っておきます。

意義の一つは、第2章で詳しく見てきたように、夢世界と現実世界の比較こそが、志向性という現象学の最も基本的な考え方への、導入になる点にあります。

もう一つもっぱら心理的な効用として、夢分析に親しむことが、内面世界、体験世界への感度を高めてくれることがあります。

夢を研究していると、「夢って神経の信号にすぎないのでしょう?」といったことばに出会うことがあります。そういう考えをすれば、私たちが毎日使っているメールも電波に乗せられた信号にすぎないのだし、あなたが夢中で読みふけったハリー・ポッター物語だって紙の上のインクの染みにすぎないことになってしまうでしょう。だからといって、メールでのやりとりやハリー・ポッターの物語の意味が、無意味になるわけではないでしょうに。

このような、内面世界とか主観的体験とかは脳の生み出す仮想現実《ヴァーチャルリアリティ》に過ぎないだの、ことばやコミュニケーションによって構築された社会的構成物に過ぎないだのといった、現代に支配的な奇妙な考え方[13]を、私は「過ぎない教」と呼んで、現象学こそが唯一、この疑似宗教と根底的に対決できると思っています。夢の現象学の効用は、まさにここにあるのです。

夢という、主観的であってとりとめのないことの代表のような現象であっても、ブログに夢日記をアップロードすることから始めて、現象学的な分析を重ねて行けば、独自の原理の支配する独自の世界であることが、実感されてくるはずですから。内面世界、体験世界とは、脳だのコミュニケーションだのによって説明されたり、社会によって意味を構成されたりするようなものではなく、それ自体の原理と構造と意味と価値とを内部に秘め、解明されることを待っている謎《エニグマ》だということを、夢の現象学ほど深い実感をもって示してくれる学問はないのです。

第4章 現象学超入門（二）——フッサールの現象学

4-1 ブレンターノと志向性の発見

第2章で述べたように、現象学の始まりと見なされているのは、オーストリアの哲学者・心理学者、ブレンターノによる志向性の発見です。[14] ブレンターノは志向性の説を、『経験的立場からの心理学』という本の中で説きました。1874年のことです。

ブレンターノ
(F. Brentano, 1838-1917)

なぜ、タイトルからして見るからに心理学な本の中で志向性の説を展開したかというと、ブレンターノは、志向性の有無こそが、心理学の対象である心的現象と、自然科学の対象である物理現象を区別すると考えたからです。だから志向性とは、心理学の対象領域を画定する最も基本的な目印なのです。

それにしても志向性とは分かりにくいことばです。志向性の概念は、現象学だけではなく英語圏の分析哲学でも広く受け入れられていて、現代アメリカの哲学を代表するサール[15]という哲学者も、「意識や感情や思念などの心理的現象は常に何かについて（about）の意識・感情・思念である」というように説明し、「について性（aboutness）」と言い換えています。本書ではこれでは心理学としては抽象的すぎるとして、志向性を、「…として体験する」「…として意識する」という、意識経験の最も基本的な構造、と定義したのは、第2章で見たとおりです。「…について」意識するなら必ず、「…として」意識するはずだからです。たとえば昨日の試験について意識するなら必ず、「昨日」という過去として、もしくは心配の対象として意識するというように。

そこで原典にさかのぼって、ブレンターノの主著を参照したいところですが、あいにく邦訳がありません。さいわい、スピーゲルバーク『現象学運動（上）』（立松弘孝 監訳、世界書院 2000）に、現象学創生期についての要を得た紹介があるので、これを参考にし、志向性を、「物理現象と異なり、心的現象は対象への指示関係を備えている」と言い換えてみます。

対象への指示関係とはどういうことかを、次の逸話を参照して説明すると――

人跡まれな深い山の中の洞窟に、探検隊が入ったとする。隊員は、サーチライトで浮かび出た壁の一部が赤い模様を作っているのを見る。「地層かもしれない」と思う。ここで地質学者の出番となる。赤い色の素は、岩石の成分を分析すれば分かるだろう。そこから、この地域の太古における火山活動が復元できるかもしれない。ところがよく見ると、赤い模様は野生の牛らしき巨大な動物を象っていて、周囲には、弓矢をつがえた人間まで描かれているではないか。何万年か前の、太古の人類が残した「洞窟壁画」だったのだ。（拙著『他者問題で解く心の科学史』北大路書房 2014, pp.70-71）

この、太古の洞窟壁画発見の架空の事例で、壁の赤い模様を太古の火山活動による岩石の成分として分析するならば、それは、物理的な因果関係にもとづいて説明することになります。ところが、太古の狩猟の場面を表現した絵として見れば、もはや物理的因果関係による説明にはとどまれなくなります。探検隊は、単なる物理現象ではない「心的現象」（心理現象）に遭遇したのです。

洞窟の壁の赤い模様という「現象」を、洞窟の住人たちは現実の狩猟の風景として眺め、現代の探検隊員も太古の狩猟として理解しました。この、「AをBとして」経験するという関係が、現象（A：岩壁の赤い色）の対象（B：狩猟）への「指示関係」ということです。絵画や写真、各種の記号やことばなどはすべて、対象への指示関係を備えるという意味で、「志向性」の例となります。

志向性を備えるのは、これら、壁に塗られた赤土のような物質的媒体に支えられた「記号・画像」のたぐいだけではありません。たとえば、自宅にいるシャミセンという名の三毛猫のことを考えれば、名前や姿のイメージが思い浮かびますが、それらのイメージの断片は、現実の愛猫として思い浮かべられるという意味で、指示関係を備えています。十年前に死んだ初代のシャミセンのことを回想すれば、今度は過去の出来事への指示関係に入ります。今のシャミセンが死んだら今度はシャム猫を飼ってそれもシャミセンと名づけよう、などと思いめぐらせるときには、シャム猫の心像を未来の対象として思い浮かべ、未来の出来事への指示関係に入ります。

志向性を備えるのは、図像や記号や知覚や想像や回想などの、静的な経験にとどまりません。私たちの行動にもまた、志向性があります。行動には、たとえば「床に落ちた本を拾いあげるために」身をかがめるという、対象への指示関係があるからです。行為に「意図」「目的」があるということが、志向性があるということです。もし身をかがめたとしても心臓発作が原因だったならば、志向的行動ではないので、心理学ではなく医学と生理学の出番ということになります。

欲求・欲望も、志向性の例です。私が今、感じている腹部の空虚感と疼くような感覚は、「食べもの」という対象を指示しているからこそ、食欲として経験されるのですから。もし同じ感覚が何も対象を指示していないのなら、それは欲求ではなく単に胃の調子が悪いということになり、志向性なき生理現象ということになります。

志向性を備えていることによって心理現象を定義するということは、物理的因果関係以外の関係が、何かが何かを表現するという表現の関係が、世界には存在するということです。[16] この何かが他の何かを表現することを、哲学や認知科学では、「表象」と言っています。表象の英語（representation）を見ると、“presentation”に「再び」の意味の“re”という接頭語がついています。プレゼンテーションはすっかりなじみのことばになっていますが、もともと、「今、ここに現れている」という意味です。現象学では「現前する」と言っています。だから、表象とは「今ここに現れていない対象を、再び今ここに現れさせる」ということで、「今ここに現れている対象によって、今ここに現れていない対象を指示する」ということが表象のはたらきになるわけです。

表象と意味が重なる語に、記号（sign）があります。ただし、記号には、過去を思い浮かべたり絵に描いたりするときの表象と違って、指示対象と似ていないことと、対象との関係が任意であって必然性がないという性質があります。だからことばは代表的な記号です。

こうしてみると、「志向性」と「表象」とは範囲が重なってくるような気がします。けれども、志向性の範囲は、表象の範囲よりも広いのです。フッサールになると、志向性の分析として、知覚の分析を中心とするようになるからです。知覚とは、対象が現前する（presentation）ことですが、フッサールの現象学によると、知覚像もまた、指示関係を備えています。テーブル上の花瓶は、取っ手のある正面しか見えない（現前していない）。けれども、私はそれを、今ここでは見えないが裏側と底面も備えた立体であり、目をつぶっても存在し続けている「客観的実在」として知覚しています。

このように、知覚像もまた、客観的実在という「対象」を指示するという意味で、志向性をもつ「心理的現象」なのです。

4-2 ブレンターノからフッサールへ——実験現象学者たち

さて、ブレンターノの『経験的立場からの心理学』が1874年に出ていることは、前述したとおりですが、同じ年に、ドイツのウィルヘルム・ヴントが、『生理学的心理学要綱』という大部の本を出版しています。ヴントはその五年後の1879年に、北ドイツのライプチヒ大学に、世界最初の心理学実験室を作り、そのため近代心理学の創始者と見なされていることは、心理学を学んだ読者には周知のことです。

こうして見ると、1874年という時点では、心理学には二つの可能性、二つの道があったといえます。一つは、実験を方法とする自然科学的な心理学への道です。もう一つが、ブレンターノに発する、体験の記述と意味の解明をめざす、現象学的な心理学への道です。

心理学が第一の、ヴントが敷いた道を歩んだことを、私たちは心理学史を通して知っています。けれども、十九世紀末から二十世紀始めにかけては、第二の道も決して夢物語ではなかったのです。

ブレンターノという人は影響力のあった人で、フッサールを始めとして多数の弟子がいました。そのひとりでフッサールの兄弟子にあたるシュトゥンプのそのまた弟子筋に、ヴェルトハイマー、ケーラー、コフカからのゲシュタルト心理学派が現れました。その他にも、この時代、ヴントの実験心理学

図4-1　盃と横顔

図地分化の例としてしばしば取り上げられる両義図形「盃と横顔」。この図の作者であるルビン（E. J. Rubin, 1886-1951）がフッサール門下の実験現象学者であったことは、心理学の教科書ではまず触れられない。

の影響を受けて、直接体験を単に記述するだけでなく実験的に解明しようという、実験現象学を称する、一群の心理学者が出たのです。盃と横顔の図地反転図形にその名を残す、デンマークのルビンもそのひとりです（図4―1）。その他に色彩研究のカッツ、因果性の知覚実験で知られるベルギーのミショットなどが、主な名前です。

このような流れ、現象学が心理学として発展してそのまま現代心理学の有力な潮流になってゆくという流れが、どうして消えてしまったのでしょうか。本書は心理学史の本ではないので詳しくは書きませんが、責任の一端は、一般に現象学の創始者とされているフッサールにもあったように思えます。率直に言えば、フッサールの現象学は心理学者には難しくなりすぎてしまったのです！

4-3　難しくなりすぎたフッサールの現象学――超越論的現象学と心理学的現象学

フッサールも、第2章で紹介した1904―05年講義「空想、画像意識、想起」や、同時期の講義「内的時間意識の現象学」（公刊は1928年）では、志向的意識の心理学といってよいような分析を残しています。後者には邦訳も出ていて、私も心理学研究者として出発点に立ったばかりのころにこの訳書を読み、「これはどんな心理学者も足元にも寄り付けないほどのすばらしく精緻な心理学だ」と思ったものでした。実際、図2－1（21頁）にあるような、予期－現在知覚－想起からなり、さらにその現在知覚が、未来予持－原印象－過去把持からなり――といった精緻な時間意識の分析は、いまだかつて誰にも超えられてはいません。だから私は、同時に思ったのでした。「なぜこれが心理学でなく、現象学という哲学として扱われているのだろう。なぜ心理学者のほとんどは、フッサールを知らないままでいるのだろう。なんともったいないことだ――」と。

責任の一端はフッサールにもあるというのは、そのすぐ後の1907年講義「現象学の理念」、1913年の『イデーン』といった中期の代表作の中で、現象学こそすべての学の基礎となる「第一哲学」であるという立場を打ち出したからです。この、第一哲学としての現象学を、超越論的現象学といいます。

「超越論的」などと、字面からしてハダシで逃げ出したくなってきます。実際、本書では超越論的現象学のことなど知らなくても、心理学として現象学ができる、という一貫した立場をとっています。けれども、少しでも知っておけば、ほかの現象学関連の本を読むのに役に立つので、最低限触れておきます。

「超越論的」とは、「超越的なもの」について「論じる」という意味です。ここで超越的なものとは、何やら宗教的形而上学的な彼岸、といったことではなく、単に、経験を超えたという意味です。私の背後にも世界が広がっていますが視野には入っていないし、音楽が背後から聞こえてくるといったことがない限り、私の経験を超えています。背後を振り向くと、今度は今までの前面が背後になって経験を超えてしまいます。だから「背後世界」は超越的です。でも、私は背後世界が実在していることを確信しています。なぜでしょう？

私が死ねば世界を経験することはもはやありません。だから私のいない世界は超越的です。でも私は世界が続くことを確信しています。なぜでしょう？

もっと卑近な例をとれば、私がこの原稿を書いている部屋に花瓶がありますが、その裏側は隠れて見えないという意味で、超越的です。でも、私は裏側が存在することを確信しています。なぜでしょう？

このように、経験できない超越的なものの実在を私はなぜ確信しているかの根拠を問うために、直接経験、つまり体験という現象の、構造を明らかにしようというのが、超越論的現象学なのです。

超越論的現象学の方法には二本柱があります。現象学的還元と本質観取です。以下は、「超越論的」というおどろおどろしい形容詞を外して、単に現象学の方法として、これらを紹介します。なぜなら、のちにフッサールは、現象学には超越論的現象学と心理学的現象学の二種類があるが、どちらも方法は同じだと言い出すからです（1927年、イギリスの『ブリタニカ百科事典』の依頼に応じて執筆した「現象学」の記事で、二つの現象学を提唱し、心理学的現象学を超越論的現象学への準備段階として位置づけています。巻末「読書案内」〈3頁〉の『ブリタニカ草稿』参照)。

超越論的現象学が哲学としての現象学だとすると、心理学的現象学は心理学としての現象学、つまり現象学的心理学です。本書でいう現象学はもっぱら現象学的心理学を指すのですが、やはり方法の基本は、この二本柱です。特に第一の現象学的還元は、今までの夢の現象学的分析でも無意識のうちに用いてきましたので、ここで説明しておく必要があります。

【コラム】フッサールの生涯

1859年モラヴィアのプロスニッツ(当時のオーストリア帝国の一部)でユダヤ人の家系に生まれる。ウィーン大学に入学し、1882年には純粋数学に関する論文で学位を授与。在学中にブレンターノの講義に出席して哲学に興味をもち、その指導下で哲学の研究を始める。後年、現象学における枢要な概念である「志向性」の着想を発展させるときに、ブレンターノの著作を参考にすることになる。1900年、ゲッティンゲン大学在職中に初期の代表作『論理学研究』を発表。1913年には中期の代表作『イデーン』を発表。その後フライブルク大学に移り、ハイデガーと出会う。その間多くの門人を育てている。

彼の現象学の発展は、人間の意識に世界がどのように現れるかをつぶさに考察することを通して、あらゆる知識の

フッサール
(Edmund Gustav Albrecht Husserl, 1859-1938)

起源に還帰することを試みるものだった。〝事象それ自体へ還《かえ》る〟ことを私たちに促すことが、現象学運動のスローガンとなった。なぜなら、世界が、研究対象であるよりは、生きられる経験であることを認識するのは、「事象それ自体」に還るときだけであるから。

晩年になってもフッサールはたゆまず研究を続け、1930年には『デカルト的省察』において、間主観性（相互主観性とも訳される）の概念を導入し、自分とは別の主観性が存在するとはどのような意味かの解明を試みるが、成功したとはいえない（第5章5-2（3）参照）。この頃から、ドイツではナチス（国民社会主義ドイツ労働者党）の政権成立によってユダヤ人迫害がひどくなる。また、一時は現象学の後継者と期待していたハイデガーに離反され、ハイデガーのフライブルグ大学総長在職中に、ユダヤ人であることを理由に大学図書館への出入りを禁止されるなどされた。それでも1938年に死去するまで研究を続け、1934年には最晩年の著作『ヨーロッパ学問の危機と超越論的現象学』で、生活世界の概念を提唱し、後の世代へ大きな影響を残すにいたる。

4-4　現象学的還元とエポケー

現象学的還元とは、反省によって、「思い込み」を「現象」という確実な知識へ還元することです。

これは、私なりに考えた現象学的還元の最も簡単な定義です。それでもやはり、これだけでイメージをつかむのは難しいでしょう。そもそも「還元（ドイツ語でReduktion）」とは、物理学的還元主義とか唯物論的還元主義を連想してしまう、誤解を招くことばです。そこで、ドイツ語の辞書をReduktionで引いてみると、①「単純なもの、もしくは原則的なものへの還元」②「縮小、削減」と、二種類の説明が出てきます。つまり、ここでいう還元とは、あやふやな思い込みから成る知識を、確実な要素だけからなる知識へと縮小することなのです。

さっき書いたように、私がこの原稿を書いている部屋に花瓶が置いてあるのですが、反省してみると、花瓶が存在することは決して確実な知識とは言えないと思われてきます。睡眠不足の脳が生み出した幻覚かもしれないし、花瓶の夢を見ているのかもしれません。最近の映画やアニメのトレンドにもなっているように、花瓶を含めてこの現実世界は精巧な仮想現実《ヴァーチャルリアリティ》なのかもしれません。だから、「テーブルの上に花瓶が存在する」という認識は思い込みにすぎず、哲学で使われることばにすると「臆見」（ギリシャ語で「ドクサ」）にすぎないのです。

そこで、目の前に花瓶が存在するという事態に関して確実なことは何かを反省すると、「テーブルの上に花瓶が存在するように私には思われる」ということだと分かってきます。テーブルの上に花瓶が客観的に実在することは確かではなくとも、少なくとも、テーブルの上にそれが存在するように見えること、つまり、テーブルの上の花瓶という現象が存在することは、確実ではないか――

これが、反省によって、「思い込み」を「現象」という確実な知識へ還元することです。そして、この還元の過程を振り返ると、そのなかで最も重要なステップは、「目の前に花瓶が見えているのはそれが客観的に実在するからだ」という、私たちが、日常、知らず知らずのうちに下してしまっている、素朴な判断を停止することだと分かってきます。フッサールはこの判断停止の手続きを、ギリシャ語からとってエポケー（epoché）と呼んでいます。本書でも、判断停止《エポケー》とふりがなにして、またはエポケーとそのまま使うことがありますから、覚えておいてください。

でも、なぜそんなことをするのでしょうか。読者はここで、似たような話を聞いたか読んだかしたことがある、と気づくかもしれません。そう、デカルトの方法的懐疑です。

4-5　デカルトの方法的懐疑とフッサール現象学

十七世紀フランスの哲学者で数学者のルネ・デカルトは、当時の学問があまりにも不確実なのに驚き、確実な知識に達するためにいっさいを疑うことにしました。ところが、当時の学問や常識を疑うだけでなく、世界が存在することも疑い、ついには自分が存在していることさえも疑うにいたって、そうやって疑っていること自体は疑えないことに気づいたのです。

だから、疑っているこの私の存在も疑えない。疑うことは「思う」ことの一種だから、思う限り、考えている限り、私の存在も疑えなくなる。だから、「われ思う、ゆえにわれ在り（コギト・エルゴ・

スム)」を、いっさいの確実な知識の礎石にしよう…。これが、『省察』(1641)で描かれた有名なデカルトの方法的懐疑です(巻末「読書案内」〈3〉頁も参照)。

フッサールの動機も出発点も、デカルトの場合と同様、学問の確実な基礎づけであり方法的懐疑でした。ただし、デカルトが神の存在証明やら、幾何学的真理の絶対確実性やらに向かったのに対し、フッサールはあくまでも、「思う」という現象の分析にこだわり続けます。先ほど書いた、「テーブルの上に花瓶が存在するように私には思われる」事態の、体験現象の、分析です。この分析のためにフッサールが発展させたのが、表2－1(フッサールにもとづく志向性分類表、31頁)としてまとめた志向性の分析です。

テーブルの上の花瓶を知覚すると、私は花瓶が客観的に実在する、と思ってしまいます。でも、ひとまずこの、「実在する」という判断を停止し、エポケーし、カッコに入れて棚上げしましょう。そうしておいて、知覚という志向的意識の構造の中に、「実在する」と思ってしまうための、確信の条件を見出すべく分析するのです。

たとえば、テーブルの周りをまわりながら花瓶を眺めるとします。すると、今まで正面に見えていた取っ手のついた部分が隠れ、見えなかった側面が正面になります。このとき、隠れていった部分に取っ手がついていたことは、意識的能動的に思い浮かべなくとも、「退いてゆく知覚」として知覚野の内にとどまっているように思われます。これが、表2－1での志向性の種類を用いれば、「知覚・過去把持」にあたります。

表4-1　フッサールにもとづく志向性分類表（表2-1）の抜粋

志向性の種類	意識の様相	解説
知覚する（現前化）	**知覚・原印象**	知覚的現在は瞬間ではなく一定の拡がりを持つ。たとえば、ベートーベン『運命』の冒頭、ジャジャジャジャーンというメロディの一節で、三番目のジャが原印象だとすると、それ以前のジャジャは想起せずとも現在に留まっている過去把持であり、最後のジャーンは思い描かずとも自ずと知覚的現在に現れる未来予持である。
	知覚・過去把持	
	知覚・未来予持	

念のため、表2－1から該当部分を抜粋しておきます（表4－1）。

また、私が回るにつれて、今、この瞬間は見えない側面が見えつつありますが、これも、能動的に思い浮かべなくとも、おのずと視覚野に姿を現しつつあるように思われます。これが、「知覚・未来予持」です。表では、メロディの場合を例にとって説明していて、実際、その方が分かりやすいのです。けれども、花瓶の知覚の場合でも、メロディの知覚と同様な時間的構造を備えていることは、このような構造を欠いた知覚、たとえばプロジェクターで壁に投影された花瓶の知覚と比べてみれば分かるでしょう。

投影像の知覚が、「そこに花瓶が実在する」という確信を与えないのは、斜めに寄って眺めても円形が楕円形になるだけで、見えていた正面が過去把持へと沈みこんだり、まだ見えていない裏側が未来予持として兆《きざ》したりといった、志向的体験の構造を欠いているからなのです（実在の確信の条件となる志向的体験の構造としてもう一つ、運動感覚《キネステーゼ》をフッサールは重視します。花瓶の周りをまわることに伴うキネステーゼと、正面が裏側になり裏側が正面になるという過去把持－原印象－未来予持の時間的系列変化が結びついてはじめて、花瓶が実在するという確信が成立するのです)。

このように、フッサールは、花瓶の裏側といった卑近なことを含めて、この世界が私の経験を超越して実在するという確信がどのようにして成立しているかを、志向的意識の分析によって明らかにしようとしたのでした。

4－6　夢の現象学も現象学的還元から始まる

フッサールの現象学的還元という方法は、以上のような哲学的な問題意識がなくとも、心理学の研究でも重要なはたらきをします。夢の研究を始めるにあたっても、まず、必要なことは、夢の記録テクストを、どんな先入見もなしにありのままの「体験現象」として読むことです。

すると、夢テクストを読むに当たってまっさきに判断停止《エポケー》すべき最大の先入見は、「夢にすぎない」「夢だから虚構であってつまり虚偽である」という思い込みにあると分かってきます。この先入見をエポケーするということは、夢を、現実世界と対等のもう一つの「世界」として扱うことです。これが、第1章1－4で触れたように、現象学的心理学者ウスラーから私たちが学んだことです。ただし、同じ世界といっても現実世界とはいろんな面で異質だから「異世界」と呼ぶことも、そのときに述べたとおりです。

夢をもう一つの世界、異世界と見なすことによって、現実世界とどこが違っているかの「異世界分析」に進むことになります。そして次に、夢世界と現実世界における、意識の志向的構造の違いを分析することによって、夢世界の現象学分析へと進むことになるわけです。第1章の夢分析で、現象学的還元の方法がすでに使われていたのです。

4-7 本質観取——現象学的方法の次の段階

現象学研究の第二の方法的柱は、本質観取です。

これも字面は難しそうですが、要するに現象学的還元によって得られた認識が、いつどこでも通用するという意味で普遍妥当性があるか否かの確認ということです。部屋にある花瓶の実在性を確信する条件について4-5で述べましたが、このような条件が、花瓶だけでなく、実在するとされるどんな対象にも見出されるかを確かめる手続きが、本質観取です。

本質とはまた哲学的響きのことばですが、現代の現象学的心理学者はこれを、「ある体験が体験として成立するために必須の体験構造」というように説明しています。この部屋にある花瓶が「実在するもの」として体験されるために必須の体験構造は、先に4-5で述べたとおりです。けれども、これはまだ、この部屋の花瓶というただ一例についての直観にすぎないので、同じ部屋にあるベッドやスタンドについてはどうか、窓を通して見えている道路やその上を走る車についてはどうか、等々と、4－5で述べたような最初の分析結果を、次々といろいろな実例に当てはめて確かめていきます。つまり、本質観取の過程のなかで、普遍化の過程が進行するわけです。

ところが、部屋の中には、微細すぎて感覚では捉えられないバクテリアやウィルスも実在していることを私は確信しています。また、衛星軌道をまわるハッブル望遠鏡が撮影した百億年彼方の銀河団の実在も私は確信しています。そのようなケースの実在確信を現象学的に説明するとなると、4－5で述べたような素朴な直観では済まなくなって、実在確信の条件として別のことを考えねばならなくなります。本質観取の過程のなかで、差異化の過程が始まるわけです。

4－8　夢研究における本質観取

本質観取の過程は、今までの夢の現象学でも行われていました。

まず、夢が夢体験として成立するための必須の条件、現実体験とは異なる夢体験の本質は、図2－3（35頁）で例解したとおりです。現実世界では、今ここにない対象を「思い浮かべる」という志向的意識には、「それは現実ではない」という二次的な意識が伴って意識が二重構造となっています。

ところが夢世界では、二次的意識が消滅して「思い浮かべる＝知覚する」になってしまい、一重構造へと変容してしまうのです。本書の今までの夢事例を通して、この最初の直観は確証され、普遍化されているように思われます。

ところが、二次的意識が消滅せず、意識が二重構造のままの夢も存在するのです。そのような夢は「明晰夢」と名づけられています。夢日記を探すと一つ見つかったので、引用しておきます。

【夢事例8】「明晰夢」

〈現実の状況〉 2015年12月28日（月）

〈内容〉 年の瀬だが、久しぶりに明晰夢を見た。最初の方は、目が覚めた直後には憶えていたが、今は思い出せない。

どの大学かははっきりしないが、とにかく大学にいた。講義室に行こうとしているのだが、変な場所に迷い込んでしまい、部屋というより通路の一角だが、四面板張りの壁で、扉も閉まってしまい、あせっていた。講義室には教師として行くのか学生としていくのか、いつものことながらはっきりしない。

そのうちに、夢だと気づいた。

夢から覚める秘訣があって、ずいぶん昔、同人誌の小説にも書いたが、両眼をかっと見開き、顔を緊張させ、「起きろ～起きろ～これは夢だぞお～」と大声で叫びながら跳ねとぶのだ。

やってみようかと一瞬思ったが、大げさすぎてためらわれる。そのうち目が覚めた。

〈付記〉どこかの大学にいて（といっても、今まで学生か教師として在籍したことのある四つの大学のうちの一つという意味だが）、講義室が分からなくてあせっているという夢は、数限りなく見たことがあるが、夢だと気づいたのはたぶん、初めてかもしれない。夢から覚める秘訣を思い出して、やってみようかと逡巡しているうちに、覚めてしまった、などというのも初めてだ。

明晰夢、つまり夢の中で夢だと気づいて、夢を自覚的にコントロールできることもあるという特別な夢については、アメリカ、スタンフォード大学のラバージの『明晰夢――夢見の技法』（大林正博 訳、春秋社 2005）にすばらしい例がいくつも載っているので、参照してください。【夢事例8】は別にすばらしくもないのですが、それでも、「それは現実ではない」という二次的な意識が出現して二重構造になっています。

このように、夢を現実と区別する基本的な体験構造が、つまり「本質」が、成り立たないような事例に出会ったらどうしたらよいでしょうか。夢内容テクストの最後に「そのうち目が覚めた」という記述があることに着目します。夢の中で意識の二重構造が出現するのは、覚め際の夢に限られるのかもしれません。ここで、夢を、深い夢と覚め際の浅い夢に分類する必要が出てきます。つまり前節の最後に述べたように、本質観取の過程のなかで差異化の過程が始まるのです。

こうして最初の、一つの事例だけにもとづく素朴な直観から出発した本質観取の過程は、多くの事例を比較考察することで、普遍化と差異化の過程をへて、より精緻なものへと仕上がっていくのです。

本質観取の過程とは、少数例にもとづく素朴な直観から出発し、普遍化と差異化を重ねて、より精緻化された体験構造の識別へと向かう、終わりなき過程なのです。だから現象学では仮説を立てないと言うのです。自然科学的心理学のように、仮説を立てて、観察によって検証・反証してゆく方法とは、そこがちがうのです。

これで現象学の方法的二本柱、エポケーに始まる現象学的還元と、本質観取、の紹介をひとまず終えることにします。具体的にどう使うのかは、さらに、第6章「コミュ障」の当事者研究の例と第7章7-2「現代へ向かう現象学の展開（二）——心理学・精神医学篇」で、詳しく述べていく予定です。

次からは、第Ⅱ部応用篇に入りますが、まず第5章「現代へ向かう現象学の展開（一）哲学篇」では、フッサール以後、ハイデガー、サルトル、メルロ=ポンティ、ガダマー、リクールらの現象学的哲学者による現象学の展開を振り返ります。そして、そこから方法論的アイデアを得て、第6章のコミュ障の現象学的当事者研究に入ることにします。

第Ⅱ部 応用篇

第5章　現代へ向かう現象学の展開（一）哲学篇
――ハイデガーからリクールまで

5−1　現象学的哲学の三つの時代と現象学的心理学の三つのアプローチ

私が尊敬しているイギリスの現象学的心理学者、ダレン・ラングドリッジは、『現象学的心理学への招待』（巻末「読書案内」〈1〉頁）の中で、現象学哲学の発展を次の三つの時代に区分しています。

1　フッサール現象学の時代　1900年（フッサール『論理学研究』）〜1938年（フッサール死去）

2　実存主義的転回の時代（ハイデガー、サルトル、メルロ＝ポンティ）　1927年（ハイデガー『存在と時間』）〜1970年代（1976年ハイデガー死去、1980年サルトル死去）

3　解釈学的転回の時代（ガダマー、リクール）　1960年（ガダマー『真理と方法』）〜2005年（リクール死去）

そして、この現象学的哲学の三つの時代に対応させて、現代における現象学的心理学の展開を次の三つのアプローチに区分しています。

1　記述的現象学のアプローチ

2　解釈的現象学のアプローチ

3　批判的ナラティブ分析のアプローチ

この数字の振り方で見ると、現象学哲学での「解釈学的転回」ではなく、「実存主義的転回」の方が現象学的心理学での「解釈的現象学のアプローチ」に対応することになり、呼び名の上ではチグハグになってしまっています。けれども、内容的には解釈的現象学は、実存主義的転回を代表するハイデガーの哲学にもとづいているので、このように対応させたのです。また、「3　批判的ナラティブ分析」も解釈学的転回を代表するリクールの哲学にもとづいています。

ともあれこの時代区分にしたがい、まず、現象学的哲学の流れを見ていくことにします。「1　フッサール現象学」についてはすでに前章で見てきたので、「2　実存主義的転回の時代」から始めることにします。

5-2　実存主義的転回の時代（1927年〜1970年代）

（1）ハイデガーの登場

実存主義的転回の始まりとされる1927年は、ハイデガーの主著『存在と時間』が発表された年です。

もともと、ハイデガーは、フライブルグ大学で教授フッサールの助手をしていたのですが、この書が発表されるや反響は目覚ましく、37歳の若さで二十世紀最大の哲学者という賛辞を受けたのです。対照的にフッサールの方は時代遅れの哲学者と見なされてしまい、いわば子弟の立場が逆転してしまったということです。

ハイデガー『存在と時間』の衝撃と魅力とは、その斬新な概念とことばの体系にあります。たとえば、ハイデガーもまた師のフッサールの現象学にとりあえずしたがって、世界の事実を現れるがままに記述しようとするのですが、前章でテーブルの上の花瓶の例でやったように「見えない背面はどのような意味で存在していると言えるのか」などと問うことはしません。そのような特殊な認識論的な問いは、花瓶に対する特殊な態度から派生したのにすぎないのです。私たちにとって、花瓶はまず

「何かに使える」という「道具性」をもって現れるはずだというのです。

花瓶は花を活けるのに使うし、強盗が押し入ってきたら武器としても使えます、等々。このように道具性をもって現れる在り方を、ハイデガーは「手元存在」と名づけます。手元存在こそが事物の根源的な現れ方なのです。これに対して、花瓶の背面がどうのこうのといった考察をする場合、花瓶の道具性に強いて目をつぶり、単に目の前にあるだけの存在にしてしまっています。これを、「手元存在」から「目の前存在」が二次的に派生したといいます。事物の根源的な現れは道具性を備えた手元存在です。しかも世界は、手元存在の単なる集合ではなく、「これはそれに使え、それはあれに使える」という、道具連関から成っているのです。

また、ハイデガーは「意識」という伝統的な学術用語を避けて、意識する人間のことを現存在といいます。「現」とは「今ここ」ということです。意識する私の在り方を根源的に表現しようとするならば、「今ここ」から世界がひらけている、としか言いようがないからです。「意識」とは、事物を「目の前存在」として取り扱うときに、相関的に派生する概念にすぎないというわけです。また、現存在の、世界における基本的な在り方を世界内存在といいます。世界内存在とは世界に対して態度をとる存在です。[1] ハイデガーはさまざまな根源的態度を挙げていますが、なかでも時間に対する態度が「投企」です。「投機」と間違えそうな用語ですが、意味的にも似ていなくもなくて、私たちはたえず将来に向かって何かを企て、企てによって新たな自己となる、というのです。「企投」という訳もあります。

ただし、私たちの寿命が有限である以上、無限に投企を続けるわけにはいきません。いつか投企できないときが必ず来るという自覚をせざるをえません。そのような死の自覚によって私たちは、日常生活における「非本来的」なあり方を脱却して、有限でしかも一回きりという、「本来的」な自己のあり方を回復します。非本来的在り方のことをハイデガーは、「誰でもないひと」と呼んでいます。私たちは日常的な生活のなかで、明日にでも死ぬかもしれない一回切りの存在という本来的自己を忘れ、まるで自分が統計学上の一サンプルであるかのように、平均寿命まで後何年は生きられる、などと計算して生きるだけの、誰でもないひとへと「頽落《たいらく》」してしまっているのです。

それでも、いつか死すべき定めということを、どこかで私たちは感じ取っています。だから、世界内存在としての私たちの根源的な気分は、「不安」なのです。不安を忘れるために私たちは、気晴らしに、空談《おしゃべり》にうつつをぬかします。現代世界にあふれるうわさ話やエンターテインメントは、死への不安という根源的な気分を忘れるためにあるのです。

こう書いて来るとハイデガー哲学の魅力と陥穽、落とし穴が見えてきます。

フッサールにないハイデガーの魅力は、華やかな現代文明の底に死への不安を見て取るといった文明批評的な側面と、本来的な自己へと立ち返れという、倫理的・宗教的ともいうべき生き方への指針にあります。

同時にこれは、陥穽ともなります。なぜなら、人生経験の少ない哲学青年タイプの若者がハイデガーにはまると、周囲の人間を「頽落している」などと批判して、容易に自分ひとりを高しとする独善におちいってしまうからです。

それを例解するような私自身の思い出を語ることで、ハイデガーの項を終えることにします。

私は学部を哲学専攻で卒業して、いろいろ考えがあって大学院は心理学に進学したのですが、修士論文を書くためには実験をしなければならず、そのための実験協力者（＝被験者）集めが必要でした。心理学にまだ友人の少なかった私は、いきおい元の哲学専攻の知友に頼ったのでした。ところがある日、ハイデガーを専攻する一つ下の院生に、にべもなく断られてしまったのです。「そういうのは（心理学実験は）あまり好きでない」と言って。心理学実験といってもゲシュタルト心理学や実験現象学系統の実験だし、実験的方法に批判があるなら自ら実験協力者になることでかえって身をもってその問題点を知ることになれるといって説得したのですが、けんもほろろの態度でした。

日本では現象学は、フッサールよりもハイデガー中心に輸入され、当時もハイデガーは哲学の学生には人気だったのですが、このエピソードは、ハイデガーの影響下にある日本の現象学者が、それどころか本場ヨーロッパの現象学者が、心理学をどのような目で見ていたかを、戯画的に極端なかたちで示したものといえると思います。

実際、ハイデガーの圧倒的影響のもと、現象学は同時代の心理学を無視、というか（推察するところ）哲学の「頽落形態」ぐらいに思って毛嫌いする、という風潮になってしまったのです（それを象徴するのが、第7章に取り上げる現象学的精神医学の潮流です）。

次に、サルトル、メルロ＝ポンティらに代表される、フランス現象学の潮流を見ておきます。第二次世界大戦ではフッサールを始め多くのユダヤ系現象学者が、あるいはナチズム[2]（国民社会主義）政権の弾圧下に窮死し、あるいは国外に脱出しました。戦後となるとハイデガーがナチ疑惑で公職追放されるなど、さしも隆盛を誇ったドイツ語圏の現象学派は壊滅状態となり、現象学の中心はフランスに移ることになったのです。

【コラム】ハイデガーの生涯

1889年に南ドイツのバーデン州メスキルヒで、教会の堂守の家に生まれる。周囲の尽力でカトリック聖職者の道を歩むべく学校に進学したが、ブレンターノが1862年に書いた『アリストテレスによる存在者の多様な意味について』を読んで哲学への指向を深めた。フライブルグ大学で神学から哲学部に転じ、1913年には学位を得た。現象学研究を本格的に開始したのは、1916年にフッサールがフライブルク大学教授に赴任して来てからである。1919年にはフッサールの助手となり、1927年には『存在と時間』を現象学機関誌『哲学および現象学研究年報』に発表するにいたる。ところがフッサールと共に仕事をしていた間に、両者の間の相違が鮮明になってきた。ハイデガーはフッサールの超越論的現象学に根底から批判的だったのに対し、フッサールはハイデガーが哲学的人間学に入り込んで現象学的還元

ハイデガー
（Martin Heidegger,
1889-1976）

の意義を見失ってしまっていると考えた。けれども、『存在と時間』の出現以来、哲学界を席巻したのはハイデガーの方であった。

1928年にはフッサールの後釜としてフライブルグ大学教授に就任。1933年には総長に推されるにいたる。ほぼ同時に、独裁的権力を確立したばかりの国民社会主義ドイツ労働者党（略称ナチス）に入党。総長就任の式典では「ヒトラー万歳」の入った講演を行うなど、この時期のハイデガーは、自己の哲学によって国民社会主義《ナチズム》を教化先導しようとしていたフシがある。一年足らずで総長を辞任。この間、ユダヤ人の大学からの追放令に伴い、フッサールも大学図書館出入り禁止となったが、ハイデガーがどれくらいこの処置に積極的に関わっていたかには議論がある。

国民社会主義《ナチズム》におけるハイデガーの役割については多くの研究が積み重ねられてきたが、個人的な覚書である『黒ノート』が2014年に公刊されるにいたって、世間知らずの哲学者の一時的な過誤などという生易しいものではなく、反ユダヤ主義を戦後にいたっても捨てていないことが判明した。現在のドイツではハイデガー哲学はタブーに近い取り扱いを受けているということである。

(2) サルトルとまなざしの現象学

私が高校から大学へ進学する時期、実存主義の旗手として日本でもサルトルの名声は輝かしいものがありました。私も京都の人文書院から出ていたサルトル全集を読みまくり、サルトルの翻訳調そっくりの文章を、いろんな場所に発表するようになったものです。なかでも『存在と無』には圧倒されました。

なぜなら、邦訳にして三巻本にあたる分厚い本を読み進めて最後の方に、それまでどんな本でもロクな扱いを受けていなかったある問題が、斬新な仕方で精細に論じられているのを見出したからです。その問題の名を他者問題といいます。

ちなみに『存在と無』は三部構成で、第一部が即自存在、第二部が対自存在と題されています。即自存在とはA＝Aの自同律が成立するような事物の在り方のことをいいます。自同律とは、ボールペンはボールペンである、ということです。

これに対して対自存在とは、あなたや私のような、意識する存在の存在様式のことです。意識する存在にとっては、A＝Aが成り立つように「私＝私」が成り立つことは必ずしも自明ではありません。

そもそも、私がボールペンを知覚するなどして意識するとき、そこには意識することをさらに暗黙のうちに意識しているという、意識の二重化が認められるのです。第Ⅰ部で、目の前にないアイスクリームを空想したり小説に読みふけったりするとき、「それは現実ではない」という自覚が必ず伴うことを、意識構造の二重化と呼びました。かわりに現実のボールペンの知覚の場合は二重ではないと書きました。けれどそれは正確ではなく、明確に自覚されてはいなくとも、知覚する場合にも知覚していることの意識が、ぼんやりと暗黙のうちに伴っているのです。

このことはフッサールもすでに指摘していましたが、サルトルはこれを、「対象についての定立的意識は自己についての非定立的意識である」と、哲学者の常として難しく表現しています。「定立的」とは定《さだ》めて立てるということですから、明確に捉えるといった意味になります。ボールペンを意識する（＝知覚）ときはボールペンという対象を（定立的に）明確に捉えています。ところがそこには同時に、対象を意識するということの意識が、ぼんやりと暗黙のうちに（非定立的に）伴っているのです。知覚意識は必ずしも一重構造ではなく、一重半構造をしている、とでもいえるでしょう。

さて、A＝Aの自同律を私自身についても確認しようとすると、一重半構造をした意識を意識自体に向けることになります。つまり、意識について「定立的意識」を向けることになります。するとそこに「非定立的意識」が必然的に伴います。「私が私を（明確に）意識していることを（ぼんやりと）意識している」事態となります。自分自身をさらにはっきりと意識しようとすると、「（ぼんやりと）意識している」事態が、明確に（定立的に）意識されてきてしまいます。無限背進、または無限後退といわれる論理的な落とし穴です（戦後文学の極北といわれる埴谷雄高『死霊』（全3巻、講談社文芸文庫）では、主人公がこの感覚を「自同律の不快」という語でもって表現して探求しています）。だからサルトルは、A＝Aの自同律が自明である即自存在と、自明とはいえない対自存在を区別したのです。

私たち人間は、身体という即自存在的な面と、意識という対自存在的な面を併せ持っています。ところが『存在と無』の第三部は「対他存在」と題されています。私たちは、身体と意識に加えて第三の存在次元、他の意識をもつ存在である他者に対するという独自の存在の次元を備えるというのです。これが対他存在です。

なぜ、他者に対する存在の側面を、即自でもなく対自でもなく独自の次元として対他存在というのでしょうか。他者は私にまなざしを向ける存在です。他者のまなざしの下に私は「身体」へと、つまり即自存在へと還元されてしまいます。一方、私が他者にまなざしを向けても、他者の身体が現れるだけで、つまり他者を即自存在として捉えるだけで、他者の意識が直接観察できない以上、他者の対自存在は認識できません。したがって、私と他者の間には認識の関係はありえず、私は単に、他者にまなざしを向けられて、他者の存在を肯定するだけなのです。私が他者の存在を肯定していることは、まなざしを向けられて羞恥（もしくは虚栄）を感じることによって示されます。他者の眼前で私が羞恥（もしくは虚栄）を覚えることが、即、私が認識できないはずの他者の意識を、他者の主観性を、肯定しているということなのです[3]。

この対他存在の議論に見るように、直接観察できないはずの他者の意識の存在を私が確信しているのはどうしてかという問題が、哲学史では他者問題と呼ばれているのです。ここで、少しばかり寄り道して、他者問題の意味をフッサールにさかのぼって瞥見してみましょう。なお、次の「付論」の議論は、それこそ哲学的にやや煩瑣なので、他者問題にそれほど関心がないという読者は、省略して次の「(4) メルロ＝ポンティ」に移っても、全体の理解には差し支えありません。

【コラム】ジャン・ポール・サルトル

1905年生。フランスの人文系エリート養成機関であるエコール・ド・ノルマルに入学。三学年下には、メルロ=ポンティやレヴィ・ストロース、生涯の盟友となるシモーヌ・ド・ボーヴォワールがいた。

サルトルの現象学との出会いは教授資格を取ってリセ（高等学校）で教え始めたころのことで、ボーヴォワールがその自伝の中で次のように描写している。ここで出てくるアロンも、戦後はフランスの保守系新聞「フィガロ」の主筆として長らく健筆をふるった歴史哲学者である。

「… サルトルはドイツ現象学について人が語るのを聞いてひどく誘惑された。レーモン・アロンはその年をベルリンのフランス学院で送り、歴史の論文を準備しながらフッサールを研究していた。アロンがパリに来た時、サルトルにその話をした。私たちは彼とモンパルナス街のベック・ド・ギャーズで一夕を過ごした。その店のスペシャリティーであるあんずのカクテルを注文した。アロンは自分のコップを指して、

《ほらね、君が現象学者だったらこのカクテルについて語れるんだよ、そしてそれは哲学なんだ！》

サルトルは感動で青ざめた。ほとんど青ざめた、といってよい。それは彼が長いあいだ望んでいたこととぴったりしていた。つまり事物について語ること、彼が触れるがままの事

サルトル
（Jean-Paul Charles Aymard Sartre, 1905-1980）

物を……そしてそれが哲学であることを彼は望んでいたのである。」（ボーヴォワール『女ざかり』朝吹登水子・二宮フサ 訳、紀伊國屋書店 1963, pp.124-125）

その後、1935年ごろから現象学的心理学の論文を発表するかたわら、小説『嘔吐』で作家デビュー。1939年には第二次世界大戦が勃発して兵役に取られ、ドイツ軍の捕虜となるが脱走してパリに戻り、対独レジスタンスに従事。1943年には代表作『存在と無』を発表。文学と哲学双方における実存主義の旗手と見なされるにいたる。戦後は雑誌「レ・タン・モデルヌ」に拠って文筆活動を展開。『聖ジュネ』『弁証法的理性批判』『フローベール』など著書多数。死後はモンパルナス墓地に葬られた（6年後にボーヴォワールが隣合わせに葬られている）。

（3）付論——他者問題とは何か

第Ⅰ部入門篇第4章4－5で、フッサール現象学では、花瓶の裏側といった直接経験できない対象の実在を私はどうして確信しているかの問いを問うて、確信の条件として過去把持－原印象－未来予持という時間的構造の変化にキネステーゼが連動するという、志向的意識の構造を挙げている、と述べておきました。すると次に、では事物ならぬ他の人間、他者の意識はどうかという問題が出てきます。

けれども、同じように経験を超えているからといって、他者の意識を花瓶の裏側と同じように扱うわけにはいきません。花瓶の周りをまわることによって花瓶の裏側の実在の確信条件である志向的意識の構造が顕わにされるからといって、他人の身体の周りをまわっても他人の背中が見えてくるだけで、他者の意識とは何の関係もありません。

そう。他者問題とは、花瓶のような事物が経験を超えて実在するという確信がどのようにして成立しているかという、現象学で伝統的に扱われてきたいわゆる超越論的問題とは、別次元の超難問なのです。だからフッサールも表2－1（31頁）の志向性の分類では、他者経験における志向性として、現実の対象に対する知覚である「現前化」や現前しない対象を思い浮かべる「準現前化」とは区別して、「向現前化」という独自の用語を作って、いわば別建てに他者問題を考察しているのです（「向現前化」という用語（訳語）の意図については、194頁の註［6］を参照）。

ここで、フッサールの他者論に入る前に、読者が当然いだくだろう疑問に答えておきます。それは、他者の意識の実在の確信は、他者が自分と外見や振る舞いが似ていることから類推されることで成立するのではないか、という疑問です。

なるほど私が属しているホモ・サピエンス同士はよく似ています。たとえばテニスの大坂なおみ選手と私とでは、年齢性別や髪の毛や肌の色のわずかな違いがまったく問題にならないほどに、からだの基本的な構造も共通だし、楽しければ笑い怒れば顔をしかめるというように、振る舞いも似ています。だから似たような目に見える笑いやしかめ顔の背後には、似たような目に見えない楽しさや怒りが伴っているに違いないと、私たちは確信するのです。これは、常識であるとともに、哲学史上でも類推説と呼ばれて他者認識論の主流となってきた考え方です。

ところが、フッサールよりやや年長で交流もあったドイツの心理学者で哲学者のテオドール・リップスは、この類推説が論理的にも経験的にも成り立たないことを、見事に示したのでした[4]。リップスにいわせれば、そもそも他者の意識を類推によって知るという説は、論理的にみて類推の名にすら値しません。

火と煙が相伴っていることをこれまで何度か観察している。そこに、遠くの方で煙が立ち昇っているのが見えた。だからここからは見えないけれど火が相伴っているに違いない。これが論理的に正しい類推です。この例で見るように、正しい類推の条件として、ここには、火と煙の両方を私は観察したことがあり、したがって、「火一般」「煙一般」という一般概念ができていることが必要です。今まで見た火も、今煙によって存在を推測されている火も、火一般の一例なのです（図5－1、左図）。

ところが、いわゆる他者類推では、私の怒りと他者の怒りとを包摂するような怒り一般を、前提するわけにいきません（論点先取を避けようとするならば）。だから、私のしかめ顔と類似したあそこのしかめ顔にあい伴うと推論されるものは、私の怒りに似た私の感情でしかないのです（けれど私は自分でそのような感情を経験しないので、しかめ顔に似た表情には何も感情が相伴わないこともある、と結論するだけです）。怒りや楽しさのような主観的意識的経験には、私によって直接経験されないという存在の仕方もあるという発見は、決して正しい類推からはなされえないのです。それは、リップ

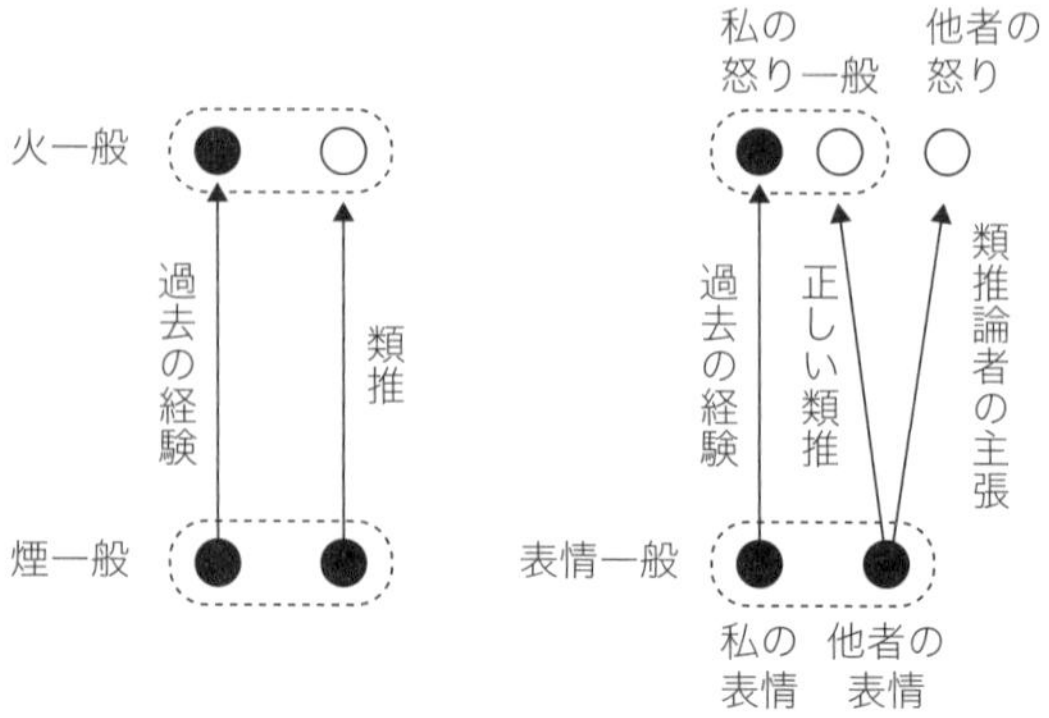

図5-1　類推の構造（拙著『フッサール心理学宣言』講談社 2013, p.107より引用）

スのことばを借りるならば「最も顕著なる思想的創造」なのです（図5－1、右図）。

類推説は、経験的発達的説明としても成り立ちません。そもそも、「私の笑い顔と似た笑い顔が観察されればその背後に私の楽しさと似た楽しさが隠れているに違いない」と推理するためには、私の楽しさと私の笑い顔が結びついていることを知っている必要があります。ところがそのような知識が生まれるのは、子どもが熱心に鏡をのぞきこむようになる後のことになるはずなのです。むしろ、乳児が最初に直接に経験するのは、自分の楽しさと他者（たいてい母親）の笑い顔なのです。

以上、類推説の論理的な難点と経験的な難点を鮮やかに指摘してみせた後、独自の他者認識説をリップスは展開します。それを、感情移入説といいます。この説の出発点は、運動的模倣の説です。乳児が他者の笑いを経験すると、無意識のうちに笑いという運動を模倣します。笑いの運動は乳児の心に楽しさの感情を引き起こします。

次に起こることは、乳児は自分の楽しさを他者の笑いへと「投入」または「移入」することです。そのようにして子どもは、他者のさまざまな表情やみぶりを運動的に模倣するたびに、湧き上がる感情や運動の衝動を、その他者の内に投入していきます。投入移入された感情や運動衝動がやがて寄り集まって、他者という人格を形成するようになるのです[5]。

これはつまり他者の意識とは、「私自身の多数化の結果なのである」（リップス『心理学原論』大脇義一訳、岩波文庫 1934, p.98）ということになります。それではなぜ、移入された私の意識経験が「私の」でなく「他の」ものと感じられるかというと、リップスは答えを与えていません。「不思議にも…私の意識とは独立なるものとして、したがって私がそれについての意識をもたないにもかかわらず存在するものとして現れる」と述べるのみなのです。

フッサールの他者論は、以上のリップスによる感情移入説を踏まえて、『デカルト的省察』という後期の代表作の中で展開されます（フッサールは自分の他者論のことを「間主観性論」といいます。自己という主観が他者という別の主観の実在をなぜ確信するのか、その根拠は何か、という問題をめぐる論という意味です。間主観性（Intersubjektivität）には相互主観性という訳も使われます）。その考察はあくまでも現象学の基本に忠実です。つまり、他者を経験する場合の意識体験の志向性構造を分析して、そこから他者を自分と対等の主観性を備えた存在として確信するための条件を、体験構造を、取り出そうとするのです。

表2－1で触れたように、他者を自分と同様に知覚したり思い浮かべたりする意識体験の主体とし

て経験する際の志向性をフッサールは向現前化と名づけ[6]、分析しています。

念のため、表2－1の必要部分を抜粋しておきました（表5－1）。

フッサールの分析は例によってひどく難解なので、そのまま紹介することはしません。かわりに、フッサールの弟子の弟子にあたるクラウス・ヘルトという現代ドイツの現象学者が、フッサール他者論を批判的に再構成した説をお目にかけることにします（拙著『夢の現象学・入門』pp.135-138参照）。

そこに、山田花子が立っているとします。山田花子は私にとって他者です（もしかして山田花子という名の読者がいられたらごめんなさい！　同名異人と思ってください…）。より厳密にいうと、私は山田花子を、複雑な形状をした物体としてではなく、私と同じように心をもっていることを確信しています。つまり、《そこ》にある山田花子の身体を《ここ》として、私の体験世界と同じような体験世界が拡がっていると確信しています。

この確信はどこから来るのでしょうか。（ヘルトのフッサールの未公刊ノートも含めた読解によると）フッサールはそれを、二種の志向的意識の協働作業によるとしたのです。

第一の志向的意識の作用は、「あたかも私が今、《そこ》にいるかのように想像すること」です。そのためには、私の身体が現に花子の身体であり、つまり私は花子である、と想像することになります。けれども私はこれが想像にすぎず虚構にすぎないと、知っています。そもそも、志向性分類表に当てはめると、花子の身体が記号・画像にあたるので、この志向的意識は「記号・画像」ということになります。ところが「記号・画像」は表によると「非定立的準現前化（実在確信なくして思い浮かべる）」

表5-1　フッサールにもとづく志向性分類表（表2-1）の抜粋

志向性の種類	意識の様相	解説
知覚する（現前化）	**知覚・** 原印象	略
	知覚・ 過去把持	
	知覚・ 未来予持	
思い浮かべる（＝知覚以外） （準現前化: 独語 Vergegenwärtigung）		準現前化のドイツ語vergegenwärtigenは、日常語としては「ありありと思い浮かべる」という意味。現に今、現れていないような対象を思い描く作用。
実在確信を伴って思い浮かべる（定立的準現前化）。空想と異なり、存在した・している・するだろうという確信をもって思い浮かべること。	**予期**	明日予定されている会議の光景を思い浮かべる等。未来予持に比べて能動的な作用。
	想起	昨日のコンサートの情景を思い浮かべる等。過去把持に比べて能動的な作用。
	現在想起	外から家の内部を思い描く場合のように、実際に知覚することなくして、現在、存在しているものとして思い浮かべる。
空想のように、実在確信なくして思い浮かべる（非定立的準現前化）。	**空想**	一角獣のような架空の対象を思い浮かべる。
	記号・画像	たとえば、読書で文字を記号として物語の中に入り込む。／絵をある人の肖像として見る（画像であって実物でない以上、その人の実在非実在にかかわらす非定立的準現前化）。
向現前化 （Appräsentation）	**他者経験**	他者を自分と同様に知覚したり思い浮かべたりする意識体験の主体として経験すること。

ということになるからです。

ヘルトによると、フッサールは、そこで第二に、「私がそこにいる時にそこを《ここ》として体験世界が開ける」という、時間的仮定にもとづく想定意識を付け加えました。これによって、単なる「記号・画像」の志向的意識だけでは出てこない、他者の実在確信が出てくるに違いないと、想定したのです。

けれども、私が現にそこにいない以上、私が《そこ》を《ここ》としているのは、過去か未来かになってしまうほかありません。ましてこれを、私が過去か未来かに、「花子であった・であるだろう」と想定する、という意味にとらねばならないとすると――実際そうとらねばならないではないか！――ますますおかしな想定になってしまうのではないでしょうか。そもそも、このように異質である第一の想定意識と第二の想定意識とをいくら協働させても、他者の実在の確信が生成するとは思えないでしょう。ヘルトはこのようにフッサール他者論を批判します。

第一の想定意識つまり虚構の想像（「記号・画像」の志向性）と、第二の想定意識つまり時間的想定（つまり「予期」か「想起」）とが異質だとヘルトが言うのは、志向性分類表からいっても、前者は「非定立的準現前化」なのに、後者は「定立的準現前化」（実在確信を伴って思い浮かべる）だから、納得できるところです。ヘルトはこの批判によってフッサールの向現前化の説に見切りをつけたと思ったものか、その後はまったく異なる他者論を展開しています。

けれども私は、ヘルトがフッサール批判のつもりで再構成した上記の説は、捨てたものでないと

表5-2　「向現前化」の行の改訂版

志向性の種類	意識の様相	解説
向現前化 ＝「非定立的準現前化」×「定立的準現前化」*	他者経験 ＝「記号・画像」×「想起・予期」	自分がその他者であるという想像（非定立的準現前化）と、いつかその他者であるという時間軸上の想像（定立的準現前化）の協働作業で他者経験が成立。

*「×」は協働を表す。以下同。

思っています。フッサール他者論は失敗作とするのは、次のような理由で早計だと考えるのです。

①虚構的準現前化と時間的準現前化の二種の準現前化の組合せという協働作業の例が他にない以上、この協働作業によって他者の実在の確信がまったく出ないということを、確かめるすべがない。

②二種の異質の志向的意識の協働作業だというなら、他者の実在の確信は、眼の前の花瓶の背面の実在への確信に比べると、ひび割れやすく強固で安定したものではないことが推察される。これは、まさに他者の実在への確信の亀裂である「独我論的体験」によって示唆されている[7]。

以上、ヘルトによって批判的に再構成されたところに忠実に、志向性分類表の「向現前化」の行を補足すると、表5－2のようになります。

(4) メルロ＝ポンティと『幼児の対人関係』

メルロ＝ポンティは1908年生まれで、エコール・ド・ノルマルではサルトルより三学年下、ボーヴォワールとは同学年でした。若いころはゲシュタルト心理学の研究に取り組み、その成果に立って、『行動の構造』

『知覚の現象学』と立て続けに著作を出し、フッサール現象学の最も優れた後継者と目されるにいたりました。

私は、2009年から四年続けて、国際人間科学研究会議（IHSRC）という、現象学的人間科学の国際学会に参加しましたが、実感したのはメルロ＝ポンティの圧倒的人気でした。特に臨床系や福祉系など、いわゆる対人支援系の研究者の間での人気は絶大なものがありました。その理由は、フッサールやハイデガーとは打って変わって経験的心理学的知見が豊富に著書に盛り込まれているのに加え、身体性の現象学といわれるほどの、私の身体の在り方および、あなたの身体との関わり方についての深い現象学的考察があるからです。そんな深い身体性論をここで紹介することはできませんが、サルトルをその他者論中心に紹介したように、ここでも、メルロ＝ポンティがコレージュ・ド・フランスで、「幼児の対人関係」（巻末「読書案内」〈4〉頁参照）という題で行った講義に見られる他者論を紹介しておきます。

伝統的な他者論で幼児にまず与えられているとされるのは、①自己の身体の内感、②他者の身体の外観の二つです。これにやや遅れて、③自己の身体の外観、が加わります。けれども、この三つの項から、第四項として④他者の内面、を導き出すのに困難があることは、「(3)付論——他者問題とは何か」の中でのリップスによる類推説批判で見てきたとおりです。

メルロ＝ポンティはこの困難を、「身体図式」という概念を導入することで乗り切ろうとします。以下にさわりの部分を引用します。

〈私の身体〉とは、諸感覚…の寄せ集めではありません。それは何よりも、そこでさまざまの内受容的側面や外受容的側面が相互に表出し合っている一つの系なのであり、少なくとも萌芽としては周囲の空間やその主な諸方位とのいろんな関係を含んでいます。…さらに、私の身体の近くに関係するさまざまの感覚領域…は、相互にまったく無縁な領域として私に与えられるものではありません。…それらはある働き方のスタイルを共有しており、それらの全部を〈すでに組織化された全体〉たらしめるようなある行為的意味をもっています。このように考えるならば、私が自分自身の身体についてもっている経験は、古典的心理学における「体感」などよりはるかに容易に他人に移されうることになりましょうし、またワロンも言っているように、私自身の身体が、私の目撃する動作から「体位を受胎」しうることになりましょう。

私が、他人というものの視覚像を通して、その他人が一個の有機体であるとか、その有機体は一個の「心理作用」によって住まわれているなどと知覚しうるのは、この他人の視覚像が、私が自分の身体についてもっている観念によって解釈され、そのようにして私というもう一つの「身体図式」の可視的外皮としても見えてくるからです。もちろん、私自身の身体についての私の知覚ということになれば、これは言ってみれば、厳密に個人的な体感のなかに埋没しているということにもなりますが、図式とか系とかいったものであれば、それは私自身の身体のある感覚領域の与件から別な感覚領域の与件に移すことも比較的容易なのですから、同じようにして他人という領域にも移すこ

とができるはずです。(『幼児の対人関係』木田元・滝浦静雄 訳、みすず書房 2001, pp.42-43)

メルロ=ポンティの文章は独特の味わいがあって要約しがたいので、長文をかえりみず引用しました。これだけでも、いかに彼の現象学が、ワロンら発達心理学者の豊富な知見に裏打ちされ、さらに心理学的知見を現象学的に再解釈するものになっているかの一端が、分かると思います。そもそもすでに触れたように、この『幼児の対人関係』は、1949年から52年の間、パリ大学文学部(ソルボンヌ)の「児童心理学および教育学」の講座の主任教授として在任していた間の講義にもとづいているのです(ちなみにその後任として1952年にポストに就いたのがジャン・ピアジェでした)。現象学は心理学として発展すべきだったというのが私の考えですが、メルロ=ポンティにおいてある程度実現しているのです。53歳という、あまりにも早すぎる死が惜しまれます。

【コラム】メルロ=ポンティ

1908年、フランスに生まれる。エコール・ノルマル・シュペリュール在学中サルトル、ボーヴォワール、レヴィ=ストロースらと知り合う。1930年哲学教授資格試験に合格。その前年にフッサールのソルボンヌ講演を、1935~39年には高等研究院におけるコジェーヴのヘーゲル講義を聴講。ルーヴァンのフッサール文庫に赴き、遺稿を閲覧したのは1939年。第2次大戦中は従軍・レジスタンス活動を経験した。1945年、学位論文として同年刊の『知覚の現象学』および『行動の構造』（1942）を提出、博士号を受ける。1945年サルトルらと共に「レ・タン・モデルヌ」創刊。1948年リヨン大学教授、1949年パリ大学文学部教授をへて、1952年コレージュ・ド・フランス教授に就任。1961年パリの自宅で執筆中、心臓麻痺のため死去。

メルロ＝ポンティ
（Maurice Merleau-Ponty, 1908-1961）

5-3 解釈学的転回の時代（1960年～2006年）——ガダマーとリクール

ここで1960年とはガダマーの主著『真理と方法』（全三巻、轡田《くつわだ》收他 訳、法政大学出版局 2012）が出版された年で、2006年はリクール死去の年です。

ガダマーはハイデガーの弟子にあたりますが、1900年生まれで世を去ったのは2002年と、現代の高齢化社会を象徴するように長生きをした人です。だから主著を出したのは60歳の齢で、大器晩成型といえます。この本が解釈学的転回の時代を画するというためには、解釈学とは何かという説明をしなければなりませんが、眠くなるといけないので、解釈学的循環というキーワードに絞って説明しておきます。この語は現象学や質的心理学研究の関連の本を読むと出ていることが多いので、知っておいても無駄ではありません。

解釈学のことを、英独仏語など西欧諸国語では、伝統的にhermeneuticsと言っています（英語ではハーメニューティクスと発音）。もともと、聖書の語句を解釈して神の意図を明らかにする学問のことで、古くから存在しました。近代的な解釈学は、十九世紀ドイツの古典文献学者シュライアーマッハー（1768-1834）に始まっています。解釈学的方法の祖としての彼の名はとりわけ、解釈学的循環というアイデアに結びついて知られています。ある文献の全体の意味が分からなければ、その一部である個々の語句の解釈はできないはずです。ところが個々の語句の意味が分からなければ全体の意味も解釈できません。悪循環のようですが、考えてみればそもそも解釈とは、循環的にしか進まないのです。

解釈学的循環の概念は、その後、ハイデガー、ガダマーらによる解釈学の発展の中で洗練され、学問的な認識を含む、世界と自己についての理解のあり方一般にまで拡張されました。科学研究を例にとって、たとえばゲイについて科学的中立的な立場から調査を企画する研究者がいるとします。けれども、研究者自身がゲイ当事者であるかないかの当事者性の違いによって、調査での質問項目の選定も無意識のうちに違ってくるし、科学性を装った統計テクニックを用いても、因子に名前を付けるなどには主観が入り込みます。さらに人間科学のコワイところは、このような研究結果が研究者の自分についての理解を変えるかもしれないし、研究結果が発表されればそれによって人々の考えや行動にも影響を及ぼす可能性のあることです。何かを理解し認識するには、何かについての自分自身の先入見から出発せざるをえず、さらにその理解の結果が自分自身と世界に跳ね返ってくるのです。このように科学研究といえど循環の中にある以上、いくら科学性を装っても完全に中立的な立場の研究は不可能なのです。

現象学に関しても、フッサールが唱えたような、すべての先入見をカッコに入れ（エポケーし）、ありのままの体験現象の記述から出発するということも不可能になります。体験を記述するのに解釈が入らないことはありえないし、さらには現象学研究が、元になった体験現象を変容させてしまうこともありえるのですから。ここに、エポケーから始まる現象学的還元を方法の柱としたフッサール現象学からの「転回」が、解釈学的転回として要請されるにいたった歴史的背景があります。

ガダマーで有名なもう一つの概念が、「地平融合」です。

そもそも地平とは、フッサールが晩年になって思索の中心とした重要な用語です。地平線に連なる山々も、麓の住人から見れば異なった相貌を見せるように、地平が違えば同じ対象でも異なって体験されます。

私は今、とあるJRの駅に近い喫茶店でパソコンに向かってキーを叩いていますが、私の目に映る光景は、喫茶店の店内と、窓を通して見える群衆の行きかう街路、その向こうにそびえる高層ビル、背景にわずかに覗く青い空、というように限られたものです。隣の席にいる客も同じようにパソコンのキーを叩いていて、目に映る光景も私とそんなに違わないようですが、「地平」はまったく違うかもしれません。海外留学が決まっていて未来の地平がパアッと広がる思いをしているかもしれないし、過去の地平も苦い思い出のしみ込んだ私の地平と違って、もっと懐かしさをそそるものかもしれません。そう、地平は空間的なだけではなく、時間的にも広がっています。それゆえ各人の地平は独自唯一なのです。

ガダマーは、この地平というフッサールの用語を取り上げて、これを書物や論文などの文献を読んで理解するということの中心概念としています。なぜなら、他者の書いたもの（心理学・現象学では「テクスト」と言います）を読むことは、他者の視点に立って世界を見ることであり、他者の「地平をひらく」ことになるからです。しかも、他者のテクストを読んでよく理解することは、そうやってひらかれた他者の地平と自分の地平とを、いわば融合させることになるのです。私の地平では北に山脈が連なっていますが、北国の人の書いたものを読むことで、作者の地平である南に山脈が連なる体験世界と、自分の体験世界がいわば融合し、地平が、世界が、拡がることになるのです。他者を理解するとは地平融合が生じることなのです。

地平はまた、有限性と無限性を兼ね備えています。私の地平は北に山脈が壁のように連なって有限ですが、山脈を越えれば向こう側にさらに地平が拡がるというように、無限でもあるのです。これは他者の地平をひらくときにも起こることです。他者について今、私が理解できる範囲は有限ですが、地平線に隠れるようにして無限の世界が広がっているのです。

この、地平融合というアイデアは、次章「『コミュ障』当事者研究」でも重要な方法論的概念になるので、ぜひ覚えておいてください。

次のリクールは、サルトルから始まるフランス現象学の最後の巨匠といわれる哲学者です。第二次世界大戦中にドイツ軍の捕虜収容所でフッサールの主著『イデーン』をフランス語訳したことで学問的デビューして以来、やはり長い人生の間に多彩な業績をあげ、特にガダマーの影響下に解釈学的現象学を展開した人ですが、次章「『コミュ障』…」でこれも重要な方法論的概念となる、もの語り《ナラティブ》ということに絞って紹介します。

二十世紀の末ごろから、人文社会系の研究では、「物語論」ということが言われるようになりました。これは、自然科学的な認識が「法則」の発見とその適用であるのに対して、人文社会科学での認識は「物語」なのだという、少しばかり不穏当に聞こえる主張です。

この物語論の主張を哲学的に基礎づけたのが、リクールが1983年に出した『時間と物語』（全三巻、久米博 訳、新曜社 1987-90）です。アリストテレスの演劇論である『詩学』にまでさかのぼり、アウグスチヌスの時間論とハイデガーの時間論を綿密に考察して、という鬱蒼たる大著で、全貌を伝えることなどできないので、重要部分をかいつまんで紹介します。要点は、私たちが日常生活や歴史学など人文社会科学で「説明」と言っているものは、自然科学でいう一般法則への包摂などとはまるで違う、それこそ「もの語り」だ、ということです。

ポール・リクール
（Paul Ricœur, 1913-2005）

自然科学的な一般法則としては典型的には、惑星の軌道計算に使われる力学法則があります。この法則があれば、たとえば過去の日食がなぜ起こったかの過去にさかのぼっての因果的説明もできるし、次の日食がいつ起こるかの未来予測もできます。

それにたいして、日常世界ではどうかというと、私たちはたとえば「泥道を走ったから自動車が故障した」といったように、物理的出来事に関して因果的説明をしているつもりになっています。けれどもこれは、「すべての自動車は泥道を走ると故障する」という一般法則による包摂などではありません。そのような一般法則は成り立たないのですから。一般法則というためには必要十分条件を満たさなければなりませんが、泥道を走ったからといってすべての自動車が故障するわけではない以上、泥道の走行は十分条件ではありません。だから、次に泥道を走ると必ず故障するという「予測」もできません。また、「もし泥道を走らなかったら故障しなかっただろう」とも、必ずしもいえません。泥道を避けて高速道路を走っていればスピードの出しすぎで故障していたかもしれないのです。だから必要条件でさえありません。

このように、十分条件でも必要条件でもないような因果の説明を、個別的因果性といいます。個別的因果性にもとづく説明の極端な例は、「風が吹けば桶屋がもうかる」という江戸時代のジョークに見ることができます。このような、個別的因果説明と呼べる説明のタイプは、たとえば「彼女が教室の窓を開けたのは、蒸し暑かったからだ」といった人間行動の理解においても行われていることなのです。

日常の出来事や歴史の説明だけではなく、生物学、地質学、宇宙論においても、事情は似たり寄ったりです。東日本大震災ののち、テレビに専門家が出演して大地震が起こったメカニズムをアニメーション入りで説明するというのが、おなじみの光景となりました。説明はおおむね明快で納得させられるのですが、だからといって日食のように予知ができるわけではないのです。天体物理学と異なって、地質学において説明とされている事柄には、偶然的一回生起的要因がありすぎて、法則への包摂と見なすことは難しいからです。

このように私たちは、日常的にいわゆる科学的説明とは異なる説明の様式を使っているのです。それを、もの語り《ナラティブ》というのです（第I部で紹介したユングの夢の物語論的構造分析もまた、私たちがもの語り様式によって世界を理解していることの表れといえます）。近年の心理学などの研究現場では、英語でナラティブということが多いので、今後はそれを使っていうと、私たちは日常経験を述べるのに、たいていの場合、原因－結果というナラティブを使います。たとえば、

――王妃様が悲しんでいるのは、王様が亡くなったからである。

これは立派な原因結果のもの語り、ナラティブになっています。これに対して、

――王様が死んだ。それから王妃様が悲しんだ。

これは事実を時間軸上に沿って並べただけで、このような叙述の仕方を、ストーリーといいます。文学理論の方では、因果もの語りという語りの様式であるナラティブの方をプロット（筋立て）といい、単なる事実の時間軸上の羅列であるストーリー（物語進行）と対比させます。

リクールは、現象学的な記述もまた、ナラティブであると考えました。だからリクールの現象学は、ナラティブ現象学とも呼ばれます。ナラティブ現象学を実際の研究にあたってどう使うかの実例は、次章「『コミュ障』の当事者研究」の中で見ることができます。

予定では、本章の残りの部分で、現象学的哲学の発展に対応する現象学的心理学の発展を紹介するつもりでした。けれど、本章も長くなりすぎました。それに、哲学と違って心理学は、具体的な研究の例をとらないと面白みのある紹介にはなりません。

そこで、本章をいったん打ち切って、第6章「『コミュ障』の当事者研究」に移ることにします。この具体的な研究を理解するための現象学のキー概念は、「地平融合」「ナラティブ」と、すでに紹介済みなので、理解も容易と思います。そして、最終章の第7章「現象学の過去から未来へ」で、改めて、本書で見てきた夢の現象学、コミュ障当事者研究の現象学という二つの具体的な研究例を振り返りながら、現代にいたる現象学的心理学の発展を紹介することにします。

第6章　「コミュ障」の当事者研究──インターネット相談事例をもとに

本章での「研究」の目的は、コミュニケーションがきわめて重視される現代にあって、コミュニケーションが非常に苦手な人間がどう生きていったらよいかを、当事者視点から考えることです。

まず、本章の構成を示します。普通、「研究論文」は、目的（問題）－方法－結果－考察－結論というように構成されていますが、堅苦しくなってしまうので、次のような節立てにしました。「研究論文」のどの部分にあたるかは、必要に応じて触れていくことにします。

6－1　コミュ障とは

・コミュ障とは／「コミュニケーション能力テスト」をやってみると…／アッパー型コミュ障？／読んではいけない！「専門家」によるコミュ障本二冊／コミュ障の同義語としての「人づきあいが苦手」

6－2　自分を猫だと思えますか？──相談事例への卓抜な回答

・ネット相談事例1女性──「人づきあいが苦手で人生が苦痛です」／「テクストの一人称的読み」──現象学の出発点／「地平」をひらき「地平融合」に達する／他者の心を読まないことが、

6‐1　コミュ障とは

（1）コミュ障とは

「コミュ障」とは周知のように、ネットスラングから生まれ、特に就職活動中の大学生を中心に広まって一般にも普及するにいたったことばです。ネットから生まれただけあって、少しネット検索をかけただけで、「コミュ障とは」「コミュ障度診断サイト」「コミュ障の直し方」といった多くのサイトを目にすることができます。

そのなかでも、検索をかけるたびに常に上位にヒットした記事「コミュ障とは」をまず紹介します。


コミュ障（こみゅしょう）とは、コミュニケーション障害の略である。実際に定義される障害としてのコミュニケーション障害とは大きく異なり、他人との他愛もない雑談が非常に苦痛であったり、とても苦手な人のことを指して言われる。

概要：あくまでも、できないのは休み時間などに行われる、友人や知人たちとのどうでもいいけど実に楽しげな会話である。多くの人は、学校生活や仕事上でどうしても必要な会話、事務的な応対については、割と可能であったりもする。

日本においてはほとんどの企業は新入社員の採用などにおいてコミュニケーション能力を要求しているが、それだけ世間にコミュニケーションに問題を抱えている人が多いとも、逆に過剰にコミュニケーション能力を要求しているとも言える。…（ニコニコ大百科（仮），2016，7月3日）[8]

この記事を読んで感心したのは、「どうでもいいけど実に楽しげな会話」の、「実に」の語です。雑談の輪に入りたくとも入れず、横目でチラ見しながら読書に耽っている振りをしていた苦い思い出が、記事の書き手のものとも読んでいる自分自身のものともつかず甦ってくるようです。こんな実感のこもった文章が書けるなんてコミュ障当事者に違いないと、私は一読して確信したものです。

次の、「…仕事上でどうしても必要な会話、事務的な応対については、割と可能…」のくだりにも、うなずかされます。そう、コミュ障が最も苦手とするのは、決して一般に思われているように就職時の面接や出先でのプレゼンテーションや、大勢の聴衆を前にした講演ですらありません。どうでもいい会話、雑談、世間話のたぐいなのです。

それも一対一ならまだマシなので、三人というのが最も苦手な組合せです。たまたま目についたマンガ（『くずさん――コミュ障大学生のがんばらない日々』）から、コミュ障が雑談から排除される場面があったので引用しておきます（図6－1）。マンガといってもプロの漫画家が描いたのではなく、女子大学生のマンガブログに出版社が目をとめて出版にいたったもので、元はネット世界の産

秋山あき
くずさん
コミュ障大学生のがんばらない日々
くずさんは今日こそ積極的に話しかけて
知り合い→友達に昇格しようと決意しました
わっ わたしも−!
あるある−!!
あれれ−? おかしいな− 目すらあわないぞ−?
宝島社
図6－1　『くずさん――コミュ障大学生のがんばらない日々』（秋山あき，宝島社 2016　表紙より。P.41にも同じコマあり）

物です（四コマ漫画の最後、「あれれー？　おかしいなー　目すらあわないぞー？」には、まったく身につまされてしまいます）。

どうして三人が最悪なのかは、コミュ障という体験の本質に関わる問題なので、後で改めて取り上げます。

（2）「コミュニケーション能力テスト」をやってみると…

次に、ネット検索をかけて上位に出てきた中で注意を引いたのは、「本当にコミュ障なのかテストしてみよう！　コミュニケーション能力テスト」というサイトです。これは、「Q1：今、自己紹介というテーマで何分しゃべれる？」で始まる10の設問に選択肢の一つを選んで答えると自動的に判定結果が出るというものです（第2問以下は、Q2「一番楽しいのは？」、Q3「念願のオリンピック出場を果たしたあなた。本番の前日、頭に浮かぶのは？」、Q4「どんな人が好き？」、Q5「初対面の人と一緒に過ごすなら、場所はどこがいい？」、Q6「自分にあっていると思う職業は？」、Q7「スベらない話、持ってる？」、Q8「自分の部屋に帰ると、見知らぬ男がソファに座っていた…」、Q9「一番自分に合っていると思うコミュニケーションツールは？」、Q10「ケンカした恋人の機嫌を直すためにあなたがすることは？」）。さっそく試したところ次のような結果が出ました。

結果発表　自意識過剰で考えすぎな、超会話下手：「あなたは超会話下手。人と話す場面になると、緊張してしまい、思うようにことばが出てきません。

考えすぎて最初の一言さえ出てこないので、会話の主導権をにぎることはできませんし、相手が話を切り出してきたときにも、話題が広がるような返しができません。すべては、自意識過剰、考えすぎが原因です。あなたがいまさら会話上手を目指すのは、年老いた象が空を飛ぶ夢を見るようなものです。無口で頑固なキャラを目指しましょう。無口な人は、なんとなく誠実に見えますし、貫禄も出てきます。ただの気弱な人だと思われないように、自信満々な感じで無言を貫いてください。口は災いのもと。べらべらしゃべるばかりが能ではありません。無愛想な大物政治家のイメージを目指しましょう。」(MIRRORZ 2016)

この結果にも、参りましたと頭を下げるほかありません。特に感心したのは、年齢記入の欄などなく、質問内容からいってもヤング世代を想定していると思われるのに、「年老いた象」などと言われると、齢のほどを言い当てられたかのような薄気味悪さを覚えてしまうことです。つまりこのテストは、作成者の意図がどうであれ、特定の年齢層を超えた普遍性を獲得しているといえるのではないでしょうか。

それはともかくとしてこの結果で重要なのは、「自意識過剰、考えすぎが原因」という洞察にあります。ここで「自意識」を、単に、自分が自分を意識するという意味に、とらないことが肝心です。

自分が他者の目を通して自分を意識しすぎることが、ここでいう自意識過剰の意味なのです。「どう答えようか」と一瞬考えるだけでなく、「こう答えれば相手の目に自分はどう映じるだろうか」まで先回りして考えてしまう。そのため反応が常に一瞬おくれ、会話の流れに乗り切れないのです。

自意識過剰とは他意識過剰のことなのです。心理学的には対人関係過敏といいます。この洞察は、後の123～126頁で展開される自己洞察でも決定的な役割を果たすので、心にとめておいてください。[9]

(3) アッパー型コミュ障?

ここまでが研究としては「目的（問題）」にあたる部分です。これから「方法」の部分に入り、いよいよネット相談コーナーを覗きにいくわけですが、その際、「コミュ障」の語をそのまま検索語に使うとたいへんなことになってしまいそうです。あまりにも気軽に使われ、それゆえ意味的にも拡散してしまっているからです。

たとえば、本章冒頭の記事「コミュ障とは」によると、一般にコミュ障といわれて多くが想像するであろう症状が含まれるとして「ダウナー系コミュ障」の「症状」が列挙されている次に、「アッパー系コミュ障」なるものが説明され、以下のように「症状」が列挙されています。

ダウナー系とは逆に、喋りすぎる、主張しすぎる、人の話を聞き入れないなどの症状を抱える分類。

鬱陶しくなるタイプ。人との交わり自体への苦手意識は薄いが、逆に自信過剰で人との距離を測れず、それらの悪影響への自覚もない。

- 自分への自信を過剰に持っている。
- 人の言葉を遮ろうとも言いたいことを言い続ける。
- 主張が押し付けがましい。
- TPOを弁えずに大声で会話をする。
- 空気を読まず、物を貶すことなどにも躊躇がない。
- 自分を差し置いて周囲や他人の態度やマナーにはうるさい。
- アッパー系コミュ障同士で群れられるため、コミュ障の自覚がない。

（ニコニコ大百科（仮）2016，7月3日）

これは、『くずさん』のコミュ障な大学生（雑談から完全排除される）とは、まったく対極の人物像というべきです。これをなぜ、コミュ障に分類しなければならないのでしょうか。

読んではいけない！「専門家」によるコミュ障本二冊

「専門家」の手になる「コミュ障」の語がタイトルに使われている一般向け本を見ると、このタイプが普通にコミュ障の一種として扱われることがあって、のけぞってしまいます。

たとえば産業精神科医、姜昌勲の『あなたのまわりの「コミュ障」な人たち』（ディスカヴァー・トゥエンティワン 2012）では、黒柳徹子や勝間和代といったメディアで大活躍の方々を「過剰型コミュ障」と呼んで考察の対象にしています。コミュ力が平均より著しく劣るのがコミュ障なら、著しく優るのも平均からの逸脱という意味でコミュ障だというつもりなのでしょう。けれどもそれならIQ30の人を知的障害と呼ぶのと同じく、IQ170の天才を「過剰型知的障害」と呼ばなければならなくなります。

なぜ過剰型知的障害ということばがないかというと、同じ平均値からの逸脱でも過剰と過小とで著しい価値の高低があるからです。同じようにコミュニケーション能力にも、過剰と過小では著しい価値の高低があります。だから、平均よりはるかに優れたコミュ力のある黒柳徹子さんらに過剰型コミュ障の名を冠してコミュ障を励まそうなどというのは、ノーベル賞科学者が平均IQから著しく外れていることをもって知的障害者を励まそうとするのと同様の、まったくの的外れなのです。

発達心理学者の正高信男『コミュ障——動物性を失った人類』（講談社ブルーバックス 2015）にもまた、このような勘違いの典型が載っています。元理化学研究所の小保方晴子氏がSTAP細胞捏造事件[10]を引き起こした原因を、そのコミュ障ぶりに求めて弁護しているようですが、実像は「小保方のようなプレゼン能力の高い自己陶酔型の人間は、アメリカの研究者にも多いという」（小畑峰太郎『STAP細胞に群がった悪いヤツら』新潮社 2014, p.75）といわれるほどの「コミュ強」なのです。

コミュ障が問題なのは、コミュニケーション能力が過度に要求される現代社会にあって、当事者が劣等感とマイノリティー意識を持たされてしまっていることです。それを無視して、はた迷惑なタイプをアッパー型だの過剰型コミュ障だのと名づけて同類視することは、肝心の問題を隠蔽する以外の何ものでもありません。

(4) コミュ障の同義語としての「人づきあいが苦手」

では、何を「コミュ障」の代わりに検索語にすればよいかというと、このネットスラングにかなり対応する伝統的日本語として、「人づきあいが苦手」が思い浮かびます。「コミュ障」と「人づきあいが苦手」には「コミュニケーション能力」「人づきあいの能力」だけに焦点を当てることによって、人格・性格の問題を能力の問題へと表層化・外在化でき、より気軽に話題にできるという、共通の利点があります。「自分は非社交的です」「シャイ(内気)です」「内向的です」といった人格・性格にもとづく告白は、ほぼ例外なく気まずい雰囲気をもたらすという私自身の経験からいっても、これはありがたいことといえます。

もちろん、「コミュ障」の場合、この略語のもとになった「コミュニケーション障害」には医学的な障害の意味が含まれています。けれども略してスラングとして使うことによって、いわば先手を打って自己医療化、自己戯画化してみせ、現代の際限のない「医療化」の風潮をも、戯画化し相対化しているのだとも思われます(医療化(メディカライゼーション)とは、一時代前なら「個性」の範囲内とされていた人でも、発達障害や不安障害やパーソナリティ障害といった診断名を付けられて治療の対象と見なされてしまうという、現代に支配的な風潮のことをいいます）。

ともあれ、今後はネット世界の探索にあたっては、意味の拡散しがちな「コミュ障」と並んで、「人づきあいが苦手」を検索語として使っていくことにします。[11] ついでながら次の6－2～6－4が論文の構成でいう「結果」にあたりますが、同時に「考察」にもなっています。論文ではよくあることで、そういう場合、「結果と考察」という見出しにします。

6－2　自分を猫だと思えますか？——相談事例への卓抜な回答

（1）【ネット相談事例1】女性——「人付き合いが苦手で人生が苦痛です」

【トピックス1】（YOMIURI ONLINE（読売新聞）発言小町（心や体の悩み）2014，9月27日）

30代前半。専業主婦。昔から人付き合いが極端に苦手。助言が欲しい。幼いころ虐待を受けて育ち、その後の両親の離婚により経済的にも苦しかったため、親の顔色を窺い、貧乏で周りの友人にも引け目を感じる子供時代。心が育たなかったのか、大人になると社会に適応できないことに気づき、数年間働いた後、結婚を機に退職。虐められたわけではなく、人と繋がることが苦手。「主人のお陰で、安心して生きていることに心から感謝と幸福を感じます。」が、人付き合い下手はますます悪化。「主人以外の人と会うのには本当に勇気と気力が必要。」穴倉に籠って一生を終えられたらどんなに楽か。「生きていることが苦痛です。人間が大嫌いです。本を読んだり、病院にいったり、カウンセリングを受けたり、自助グループに参加したり、いろいろしましたが、いまだに過去のことが消化できないみたいです。」我慢して一生を終えるしかないのか。

まず紹介するのは、「人づきあいが苦手」で検索してヒットしたインターネット相談のなかでも、群をぬいて「レス」（ネット用語で「回答」のこと）数が多く、教えられるところも多かった事例です（原文は長いので概要のみの紹介ですが、「」内は原文からのそのままの引用です）。レスは全部で12あり、それぞれが充実した興味深いものになっています。

最初の三つをまずお目にかけると――

【レスNo.1】

私も同じ。主人さえいればいいが、こども二人が発達障害。人の手を借りるため外にでずっぱり。「土日は主人にこどもを預け、引きこもってなんとか精神バランスを保っています。」自分を責めないで。「ご主人と一緒になれた…そのままで魅力があるんですよ。」

【レスNo.2】

毒親に言葉の虐待を受けて育った。今も人間嫌い。「多分トピ主さんは人間嫌い=普通ではない・悪い事だときめつけているのではありませんか？　他人と自分は違って当たり前なので、比較しても仕方がありません。」人間関係はうわべだけと割り切る。「周りの人たちは一見親しく見えますが……本音が言えない付き合いなのかもしれませんよ。」

【レスNo.3】

嫌なことはしなくていい。「私なんか……友人づきあいはまったくないよ。主人がいて働いてくれて……生きていけるの。」外ではそんな人だと誰も思わないから「近所の人は明るく挨拶してくれるよ。私も挨拶するよ」「トピ主さんにもできるよね？　それも苦痛なの？」

と、このようにNo.12まで続き、最後に「トピ主」（「トピックス」を立てた当人=相談者のこと）がていねいな返答を寄せ、しかも、重要な自己洞察に達するありさまが手に取るように分かるという、得がたい事例です。煩瑣なのですべてを引用するのは控えますが、最初の三つだけ紹介しただけでも、レスにはある特徴が感じ取られると思いませんか。

それは、「そのままで魅力がある」（No.1）、「比較しても仕方がない」（No.2）、「嫌なことはしなくていい」(No.3)、といったような、「そのままでいいんだ！」という、自己肯定に向けての価値転換のメッセージです。「対人スキルを磨く」「コミュニケーション力のアップ」とか、近頃よく見かける「共生の理念」といった、現代に支配的な価値観にあえて背を向けているのです。ここでは引用は省きましたが、「図々しい感じの人とは関わりたくない」(No.8)、「山奥で暮らしたい」(No.9)というメッセージもそうです。残るNo.4～No.7の四つのレスも、価値転換を正面切って押し出してはいないものの、ペットを飼うことや本を薦めたりと、自分の経験にもとづいた実践的なアドヴァイスになっています。つまり、こうやればコミュ力が磨けるだの、カウンセリングを薦めたりといった、上から目線のアドヴァイスは皆無なのです。あくまで同一水準、同一平面上の、まさに対等の地平からのアドヴァイスになっているのです。

中に、「これだ！」と思わず膝を叩いたレスがあったので、紹介しておきます。

【レスNo.10】

「自分を、ご主人の猫だと思えますか？」ある時期、自分を猫と思うようにした。「自分は人間ではないのだから、人間とうまくやれなくて仕方ない」「猫なら人間に見下されて当然。」「人並みに働けないのも当然。」「無価値な人生でトントン。」もともとプライドが異常に高かったが、一大決心をして自己評価を現実より下に引きずり降ろした。「慣れるととても楽になりました。飼い主に感謝して生きられるようになり、風や虫の音が好きになり、暇も怖くなくなりました。猫ならば人生は上々です。」『あきらめる』方向のサジェスチョンです。」

「自分を猫だと思うようにした」だなんて、なんと思い切った要求水準切り下げ、価値転換の極みというべきではないでしょうか。

(2)「テクストの一人称的読み」――現象学の出発点

このような記事を読んでいく場合、あなたは何を想像しながら読むでしょうか？「30代前半・専業主婦」の女性があなたに向かって訴える――といった場面を想像したのだったら、あなたの読みは落第です。なぜなら、レスを寄せた回答者たちは、そのような読み方をしているはずがないからです。自らも人づきあいが苦手なコミュ障当事者である回答者たちは、トピ主の記事を、自分自身のこととして読んだはずだからです。

「これは私のことだ！」と思って読んだ。けれど、ちょっと違う。そのちょっとした違い（差異）をもとにして、アドヴァイスがなされるのです。

どんな書かれたものでも（人間科学では「テクスト」と総称します）、自分自身が書いたものとして読む――このような読み方を現象学では「一人称的読み」といって、現象学的人間理解の第一歩と

表6-1　一人称的読み（『質的心理学辞典』新曜社 2018, p.11より）

> 体験報告などのテクストを、その報告の書き手や話し手という他者の体験を記録したものとして読むのではなく、「自分自身が体験し、記録し、どこかに仕舞い込んだまま忘れていた秘密のノートに再会した」ものとして読む。三人称で書かれている場合は、一人称に変換する。

しています。一人称的読みの定義を、表6－1に示しておきます。

この定義は、紙に書かれたアナログな報告を念頭においているため、秘密のノートなどと苦しまぎれを言っていますが、ネットの場合はより簡単になります。単に、「かつて自分でネットに書き込んでおいて忘れていた記事に再会した」と思えばいいことですから。

一人称的読みに徹することによって、私たちは、「自分が30代前半・専業主婦として生きている世界」を想像することになります。このように、自分がある特定の人間として生きて体験している世界、体験世界のことを、現象学では、前章の最後の方で述べたとおり「地平」というのでした。

（3）「地平」をひらき「地平融合」に達する

地平線に連なる山々も、麓の住人から見れば異なった相貌を見せるように、地平が違えば同じ対象でも異なって体験されます。

他者の書いたもの（この場合は「トピ主」の記事）を一人称的に読むことは、他者の地平をひらくことになります。その地平では何かが問題になっています。行く手に険阻な山が、人づきあいが苦手という障害物が立ちふさがっていて、自由な人生行路を妨げているのです。私の地平にも同じような障害となる山が立ちふさがっています。けれども、地平を異にする以上、山の見えかたも違っています。向こう側からは見えない山間の隘路が、こちら側からは見えるかもしれません。向こう側から見えないものがこちら側から見えるなら、それがアドヴァイスのもとになるし、逆にこちらから見えないものが向こう側から見えるならば、教えられたことになります。

トピ主の方ではいろいろなレスに接することでいろいろな地平をひらき、やがてコミュ障という険阻な山の全容が見えてくるかもしれません。それは、多くの地平が融合しあってより広い眺望を獲得するにいたるプロセスといえます。それが、前章のガダマーの項で紹介した地平融合ということです。

相談事例1でトピ主は12のレスを次々と読んでより広い眺望を獲得し、しまいに、ある貴重な自己洞察に達します。このプロセスはまさに地平融合です。以下に、残されたレスNo.11とNo.12、そしてそれに続く、「トピ主です」を紹介します。

(4) 他者の心を読まないことが、雑談に加わる資格!?

【レスNo.11】

「あなたはとてもいい人です。世の中は悪い人だらけです……むりに気の合わない人に合わさなくてもいいです。合わしてもいじわるしてくるし…人付き合いは強制ではありません。」

【レスNo.12】

「美人の母に外見の事をしつこく言われ、おかしくなりました。（けなすのではなくほめるのですが、おかげで自意識過剰、異常に見た目を気にするようになった）。…人の嫌な面が目につくし、自分含め、人間は嫌いです。でも、もう諦めました。夫はそこそこエリートですが…友達なんかいなーいと言っています。でも私から見ると尊敬できます。『家族以外の人間関係なんか、どーでもいいじゃん』と言われ、私は救われました。」

【トピ主です No.1】

「人と上手に接することができない方が同じように悩んでても、頑張って生きていると思うとなんだかほっとしました。皆さんのレスをじっくり読んで、考えたことを少しだけ書かせてください。

私が人嫌いなのは、人の顔色を窺ってしまうからです。相手が機嫌よく楽しくしていてくれないと、私が不安になってしまいます。相手は今どう思ってるかな、こうして欲しいかな、こう言って欲しいのかなと思って心にもないことを言ったり…自分がその瞬間を楽しむことより、その場が皆にとって楽しい時間になるように心を砕いてしまいます。だから人といるのが苦痛です。」

【トピ主です No.2】

「ひとりは気楽です。でももしかしたら、心の奥底では人と繋がりたいのかもしれません。でもきっと、わたしがわたしである限りは、その願いに蓋をして、主人だけを頼りにひっそりと生きるのが使命のような気がします。」

「トピ主です No.1」の「皆さんのレスをじっくり読んで、考えたこと」として書かれている箇所に注目してください。ここには、「地平融合」を通じて得られた貴重な自己洞察が述べられています。「人の顔色を窺ってしまう…」以下の文面から窺えることは、この事例1の女性は、他者の気持ちが読めすぎ、他者の目を通して自分を見て自分の行動を律してしまうから、それで対人関係が苦痛になる、ということです。やや専門的にいえば、対人関係過敏が結果として対人回避を招いているのです。

私はこの自己洞察に、自分自身の経験から（つまり「当事者視点」から）全面的に共感するものです。もっとも、ここで自己経験をわざわざ引き合いに出すつもりはありません。前節にすでに、ネットからの引用というかたちで手がかりが明示されているからです。「感心した」「参りましたと頭を下げる」とまで絶賛しておいた、本章冒頭の「コミュ障とは」と、「コミュ障テスト結果　超会話下手」がそれです。これらの引用では、仕事上で必要な会話が普通にできるのに、「雑談が非常に苦痛であったりとても苦手」という現象が核心になっています。この核心的現象に、「トピ主」の到達した自己洞察をもとに、新たな照明を当ててみることにします。

仕事上で必要な会話は一対一のことが多く、会議のような多人数の場合でも話す順番が決まっていたりします。これに対して雑談は三人以上でなされることが多く、話す順番も決まっていません。そこで、A、B、C（コミュ障当事者）の三者の雑談を想定します。すると、起こることは次のようなことになってしまいます。

C（コミュ障当事者）は、「Aさんが話し始めたし次にBさんも話したがっているようだから、今自分が割り込んではどう思われるか分からないし、Bさんに悪い。だからAさんBさんの次に話すことにしよう」と、他者の気持ちを読むでしょう（同時に他者から見た自分を意識し行動を律してもいます）。ところが実際に次に起こることは、AさんBさんと来て自分の番が回ってくるどころではありません。Bさんが話し終わる前にAさんが再び話し始めてしまい、結果としてA ⇕ Bの相互関係からCさん（自分）が疎外されてしまうという事態なのです。

つまりAさんもBさんも、「Cさんも話したがっている」などという気持ちも読まず共感もせず、Cさんから見た自分も意識しないのです。他者の心を読まず気持ちにも共感せず、他者から見た自分も意識しないことが、「どうでもいいけど実に楽しげな会話」に加わる条件らしいのです。図6－1のマンガをもう一度見てください。コミュ障のくずさん（C）がすでに進行中のA ⇕ B相互関係に加わるにはどうしたらいいでしょうか。空気を読まずに相手より大きい声を出して話に割り込むことではないでしょうか。それがコミュ障ではない世の中の多数の人々にとっての、日常会話の常態ではないでしょうか（江戸川乱歩の名作短編「蟲」（巻末「読書案内」〈5〉頁）も参照のこと）。

6-3　ナラティブの種類でアドヴァイスを分類すると

(1) レス（回答）が因果もの語りになっている件

ところで、そもそもなぜ相談事例1の女性が、レス（アドヴァイス）を読むことで地平融合を起こして自己洞察に達することができたのでしょう。何となく分かったと思っている読者もいるかもしれませんが、何となくでは学問研究になりません。これらレスの中から、地平融合を促進すると思われる条件を見つけ出すことが必要です。そのためにまず、レスを分類してみます。学問的認識の第一歩は比較であり、第二歩は分類なのですから。

でも、分類するには基準が必要です。どんな基準で分類するのでしょうか。

ここで、前章の最後に紹介した、もの語り《ナラティブ》という考え方に着目します。もの語り《ナラティブ》とは、原因－結果からなる、出来事の描写様式のことです。リクールは、現象学的な記述（＝描写）もまたナラティブであると考え、ナラティブ現象学を唱えたのでした。

相談事例でのレスは、どんなに短くともレスの書き手の一人称的な体験世界を、「地平」を、表現する体験記述なのだというのが、現象学の立場です。でも、第Ⅰ部での夢の記録と比べれば、違っていないでしょうか。

そう、夢の記録では、書き手は自分の一人称的な体験を単に記述しようとしています。ところが相談事例でのレスは（トピ主の質問もそうですが）、相手に対する語りかけの形式をしています。しかも、語りの形式は、「王様が死んだから王妃様が悲しんでいる」というような、AだからBという因果もの語りをしています。これがナラティブということです。たとえば、上の事例でも、「プライドが高かったからつらかった」というように。

しかも、このように、「A（高いプライド）だからB（つらい）」というナラティブ形式は、おのずと解決法を指示することになるのです。「B（つらい）にならないようにするためにはA（プライド）を捨てればよい」、というようにアドヴァイスが出てくるのです。ネット相談事例上のやりとりは、現象学的な体験記述であると同時にナラティブでもあるのです。

（2）リクールのナラティブ現象学でレスを分類する

そういうわけで、ネット相談事例でのやりとりには、リクールのナラティブ現象学の考え方を適用できそうだと分かってきました（正確には、リクールにもとづくラングドリッジの批判的ナラティブ分析なのですが、ここでは区別しません）。ここで、いったん前に戻って、この相談事例に多く見られる特徴は何かを、振り返ってみます。

すでに前節で、レスNo.6までを読んだところで強調しておいたように、この事例のレスには共通の特徴がありました。

第一は、「そのままでいいんだ！」という、自己肯定に向けての価値転換のメッセージが多数だったことです。「対人スキルを磨く」「コミュニケーション力のアップ」、近頃よく見かける「共生の理念」といった、現代に支配的な価値観にあえて背を向けているのです。

第二は、こうやればコミュ力が磨けるだの、カウンセリングを薦めたりといった、上から目線のアドヴァイスが皆無で、あくまで同一水準、同一平面上の、まさに対等の地平からのアドヴァイスになっていることです。

順序が逆になりますが、第二の特徴にまず着目します。この特徴づけには、「上から目線」と「同一水準、対等の地平」という、アドヴァイスの方向に関する対比が使われています。実はリクールのナラティブ現象学にも同様の対比があります。リクールの原典では難しい表現になっているのですが、思い切って単純化してそれを、垂直的ナラティブvs水平的ナラティブと表現します。[12]

垂直的ナラティブも水平的ナラティブも、何らかの異なる視点を採ることによって解決への糸口を見出そうとする点では同じですが、視点の取り方が違います。

垂直的ナラティブ

垂直的ナラティブを、リクールを土台にさらに三種に分類します。これを、ひらたく表現して、「親のせいナラティブ」「社会のせいナラティブ」「脳のせいナラティブ」と名づけます。

① 親のせいナラティブ

リクールの解釈学では、精神分析理論にもとづき家族内の人間関係の中で当人の「無意識」が形成されてきた、そのされ方に問題の根を見ようというナラティブに分類されます。現代日本で精神分析理論が直接参照されるような語り口はまず見られないので、ともあれ両親を始め家族環境に問題があったとするナラティブを、ここでは「親のせいナラティブ」と名づけました。相談事例1の場合、「トピックス1」に出てくる、「幼いころ虐待を受けて育ち、その後の両親の離婚により経済的にも苦しかったため、親の顔色を窺い、貧乏で周りの友人にも引け目を感じる子供時代」という語りに、その片鱗がうかがえます。他に、レス№2「毒親に言葉の虐待を受けて育った。今も人間嫌い」。レス№12「美人の母に外見の事をしつこく言われ、おかしくなりました」もそうです。

② 社会のせいナラティブ

リクールの解釈学では、マルクス主義的社会理論にもとづいて現代社会の資本主義のあり方に問題の根を見ようという種類のナラティブに、分類されます。現代日本でマルクス主義が直接参照されるような語り口もまず見られないので、とにかく社会に問題の原因を見ようとする語り口を「社会のせいナラティブ」と名づけたのです。先ほど引用した「トピックス1」で「経済的にも苦しかったため、親の顔色を窺い、貧乏で周りの友人にも引け目を感じる」というくだりが、このナラティブに入るかと思います。

③脳のせいナラティブ

リクールの解釈学には時代背景の違いもあって出てきませんが、現代最強の垂直的ナラティブが「脳のせいナラティブ」であることは、誰もが認めるところでしょう。私たちの周りでは、自分が気分が落ち込んだといってうつ病を疑い、ハイになりすぎたといって双極性障害を疑い、友人が空気が読めないからといって発達性障害を疑い、子どもがじっとしていられないからといってＡＤＨＤ（注意欠陥多動性障害）を疑うという空気になってきています。しかもそれらの「障害」は現代の精神医学では、何らかの脳の障害がもとになっている、という暗黙の合意ができあがりつつあるのです[13]。

したがって、この研究を始めた時点では、レスにも脳のせいナラティブが多数見られることを予想したのです。けれども今のところ、この相談事例１では、それに分類されるようなナラティブは発見できませんでした。その理由はまもなく明らかになります。

水平的ナラティブ

水平的ナラティブは、とりあえず「垂直的ナラティブ」に明確に分類されないもの、と否定的に定義されます。これは基本的に、当人（質問者）と対等の立場、対等の地平に立って、違った見方を示す種類のナラティブです。

すでに前節で述べたように、他者の書いたものを一人称的に読むことは、他者の「地平をひらく」ことになります。その地平では行く手に険阻な山が立ちふさがっていて、自由な人生行路を妨げているのです。私の地平にも同じような障害となる山が立ちふさがっています。けれども、地平を異にする以上、山の見えかたも違っています。向こう側から見えないものがこちら側から見えるなら、それがアドヴァイスのもとになるし、逆にこちらから見えないものが向こう側から見えるならば、教えられたことになります。それが地平融合へとつながってゆくのです。

相談事例1の場合、地平融合は、水平的ナラティブの豊富さに促進されたといえます。これに、もう一つ促進要因があります。それを、さきほど後回しにしたレスの第一の特徴の中に見ることができます。

第二の特徴でナラティブの分類を提案したように、第一の特徴でも分類法が提案できます。それを「共」のナラティブ vs「独」のナラティブ、という対立軸で表現しておきます。

「共」のナラティブ vs「独」のナラティブ

「共」のナラティブは、コミュニケーションがあって友人知人や家族に囲まれていること、つまり「共にあること」をプラスの価値として疑わず、そのために対人スキルを磨かねば、という主張となるようなナラティブです。「トピックス1」の質問内容の語りは、そのような「共」のナラティブが色濃く見られる例です（というか、だからこそ相談をしているわけですが）。

ところがこれも予想に反して、十二のレスにはそのようなナラティブは少数だったのです。むしろ目についたのは、前節でも紹介したように、「そのままで魅力がある」「比較しても仕方がない」「嫌なことはしなくていい」といったような、「そのままでいいんだ！」という、自己肯定に向けての価値転換のメッセージです。現代に支配的な価値観にあえて背を向けているともいえます。つまり「独」のナラティブが圧倒的に優勢だったのです。

現代は、「共生の時代」や「絆」ということが声高に言われる時代です。私もこの研究を始める前には、そのようなナラティブ、「共」のナラティブが多く見られることを予想していたのです。ところが分析を始めてみると、予想は覆されてしまいました。これは、後で出てくる他の相談事例でも同様の傾向になっています。

ネット世界でのこの傾向が何を意味するかは追い追い考えることとして、レスにおける「独」のナラティブ優勢が、「水平的ナラティブ」の優勢とあいまって、相談事例1の女性における地平融合を促進したことは、疑えないところです。

つまり、相談事例1は次のようにまとめられるのです。

それまでトピ主は、人並みの人づきあいができないことを苦痛と感じるなかで（＝「共」のナラティブ）、「親のせい・社会のせい」（＝垂直的ナラティブ）と原因を過去に求めてがんじがらめになっていた（質問内容）。ところが、「そのままで魅力がある」（No.1）、「比較しても仕方がない」（No.2）、「嫌なことはしなくていい」（No.3）、「図々しい感じの人とは関わりたくない」（No.8）、「山奥で暮らしたい」（No.9）、「自分を猫だと思う」（No.10）、「人づきあいは強制でない」（No.11）、「家族以外どうでもいいという夫の言葉」（No.12）等の、「価値転換」と「要求水準低減」を主体とする「独」のナラティブに触れて「地平融合」を起こし、「共」のナラティブから解き放たれてゆく様子が、「トピ主です2」以下に窺われるのです（原文では「トピ主です6」までありますが、省略しました）。

そして、この地平融合によってこそ、すでに前節で紹介した、「他者の気持ちを読みすぎ、他者の目を通して自分を見、自分の行動を律してしまうから、それで対人関係が苦痛になる」という貴重な自己洞察が可能になったのです。

6-4　オモテ世界のコミュ障とネット世界のコミュ障の違い

コミュ障当事者の自己洞察として、対人関係過敏が結果として対人回避を招いているという知見が、現象学的用語を使えば「地平融合」を通じての「本質観取」が、与えられました（「本質観取」とは、第I部で紹介したように、現象学的方法の二本柱の一つで、「本質」すなわち「ある体験が体験として成立するのに必須の体験構造」を明らかにする過程のことです）。ここからして、コミュ障からの脱出口が、おのずと見えてきます。

すでに示唆したように、「他者の心を読まず気持ちにも共感せず他者から見た自分も意識しない」という方向へと、スキルダウンを図ることです。ひらたくいえば、対人的感覚を鈍麻させることです。実は、ここにコミュ障からの脱出が容易でない理由があるのです。一般に、何ごとであれスキルアップの方向でなら目標もはっきりするし、モチベーションも上がるものです。ところがスキルダウンとなると、いったい何をやったらいいか分からなくなるのです。

ここまで読んできて、ちょっと待った、それは逆ではないか、と思う人もいることでしょう。一般にコミュ障というと、「周囲の雰囲気を察する」「人の心を理解する」「言外の意を悟る」といった共感性に問題のある、発達障害圏の人のことをいうのではないかと。

確かに、たまたま目についた『人づきあいが苦手な人のためのワークブック』（クーパー&ウィドウズ 日本評論社 2016）というそのものズバリの題名の本を覗いてみても、完全に発達障害圏に特化した「スキルアップ」の内容になっています。また、6－1で「読んではいけない！」に挙げた「コミュ障」をタイトルに含む二書（『あなたのまわりの「コミュ障」な人たち』『コミュ障――動物性を失った人類』）も、発達障害を念頭において書かれています。ところが、章の冒頭で紹介した『くずさん――コミュ障大学生のがんばらない日々』は、ネットのブログを書籍化したものですが、コミュ障は対人関係過敏を意味しているのです。

つまり、コミュ障（人づきあいが苦手）には大別して二種類があるということです。そして対処法もまったく異なっているのです。

第一のタイプは発達障害圏に属します。医療や教育、福祉行政、そしてマスコミでよく取り上げられるのがこのタイプです。

それに対して、本書でネット世界を通じて瞥見したのは、第二のタイプの方です。これには日本で伝統的に対人恐怖といわれてきた症状や、それとほぼ対応しますがアメリカ精神医学からいわば逆輸入された社交不安障害、ひきこもりに多い回避性パーソナリティ障害が含まれると思われます。第一のタイプが現実世界、オモテ世界のコミュ障とすれば、こちらはウラ世界のコミュ障です（なぜ第一のタイプのコミュ障がオモテ世界で取り上げられるのかというと、傍《はた》から気づかれやすいからではないでしょうか。場合によっては傍《はた》迷惑と感じられることだってあるかもしれません。これに対して第二のタイプのコミュ障の特徴は、もっぱら本人が苦にするところにあります。いわば空気が読めすぎて空気のように存在感を失くすために、本人がそれほど苦にしているなんて誰も気づかないのです）。

この二種類が精神医学や臨床心理学でどう区別されているかについて、手短に紹介しておくことにします。

（1）発達障害、もしくは自閉症スペクトラム障害

第一のタイプのコミュ障がこれに相当します。正確には発達障害の中に、注意欠陥多動性障害（ＡＤＨＤ）、学習障害（ＬＤ）、自閉症スペクトラム障害（ＡＳＤ）などの下位区分があるのですが、日

本では自閉症スペクトラム障害でもって発達障害を代表させてしまう傾向があるようです。自閉症スペクトラム障害の特徴は、Ｉ 社会的コミュニケーションおよび対人的相互反応の障害、Ⅱ 行動、興味、または活動の、限定された反復的な様式（＝著しいこだわり）、と二大別されます。これだけでは分かりにくいので、日本の精神科医による次の文章を引用しておきます。

大きな特徴としては、周囲の人となじんだり、歩調を合わせるのが苦手であるという社会性の面での課題と、興味や行動のレパートリーが狭く、こだわりが強いという課題がある。どちらも、さらに根源的な一つの課題から派生している。それは、相手や周囲の気持ちを理解したり、それを共有することの難しさだ。（岡田尊司『働く人のための精神医学』ＰＨＰ新書 2013, pp.66-67）。

このような「社会性に劣る」「共感性が乏しい」という特徴の根源には、他者の視点に立つことの困難がある、といわれます。これは、就労の上でも大きなハンディキャップになります。近年は発達障害者の就労支援ということがいわれています。[14] その関係の本でもこう懸念されているのです――

相手の視点や立場に立って考えたり言葉を選んだり振る舞い方を調整することが苦手です。そのため、相手に合わせてもらって成り立っているような一方的なつきあい方や関係性になってしまったり、相手の気持ちを思いやることができず、事実のみを言葉にしてしまったり、周囲からどう見えるのかを考えることができず、自分のやっていることに夢中になってしまいます。このような障害があると、周りの人がどのような配慮をしながら自分に声をかけているかということに、気づいたり理解したりすることができず、いつも自分が責められているかのように感じてしまうことがあるかもしれません。(刎田文記・江森智之『成功する精神障害者雇用』第一法規 2017, pp.50-51)。

このような、他者の視点に立つことの困難を、イギリスの発達心理学者バロン=コーエンは、周到な実験的研究にもとづいて「心が読めない」とか「マインド・ブラインドネス(=心盲)」といっています。[15] ちなみに、前節で紹介したアッパー型コミュ障というものも、ひょっとしたらこの第一のタイプのコミュ障に入るのかもしれません。

(2) 対人恐怖・社交不安障害・回避性パーソナリティ

日本にしかないと思われていた対人恐怖

第二のタイプ、ネット世界でのコミュ障がこれにあたると思われます。なかでも「対人恐怖」は、私たち日本人にとってなじみ深いことばで、第二次大戦前に、日本における精神療法のパイオニア、森田正馬《まさたけ》博士によって作られた語です。

二十世紀を通じて、次のような認識が、日本の精神科医や心理臨床家の間で共有されていたものでした。

対人恐怖は欧米には見られない。日本（と韓国）にのみ見られる文化特異的な心の病いである。さらにいえば、かつては男性のみがかかっていたのだが、女性の自立と社会的進出と軌を一にして、女性の間にも見られるようになった。

したがって対人恐怖は、日本など東アジア圏に固有の農村共同体的な社会構造が崩壊しつつあることが文化的土壌となっている。農村共同体では、またその一部である伝統的家族では、個人の役割は生まれながらにして決まっていて、ことばづかいから挨拶の仕方からすべて、幼いころから自然と身につけたパターン通りにやっていればよかった。ところが若者が急速に近代化しつつある都会に出てくると、そのようなおのずと身についたコミュニケーションのパターンが通用しない現実に直面する。近代的な人間関係とは、相手に応じまた時と場合に応じ、相手の発する微妙なサインを読み解きながら臨機応変に行動を調節していかねばならない、高度なスキルを要する関係なのだ。対人スキルを育てないまま都会に放り出された若者が、対人的恐怖を覚えるようになるのも無理はない。

これに対して欧米の文化では、ごく幼いころから両親の寝室とは別室に寝ることをしつけられたりして、自由で自立した人格が育つ。だから対人恐怖症は欧米には見られず、かといって伝統的家族共同体の惰眠をむさぼる「発展途上国」でもいまだ問題にならず、急速に近代化しつつある日本など東アジア圏の文化特異的な精神疾患となったのだ……

表6-2　対人恐怖と社交不安障害の比較

対人恐怖症（永田法子「対人恐怖症」『心理臨床大事典』(pp.861-862) 培風館、1992）より。	社交不安症／社交不安障害（社交恐怖）Social Anxiety Disorder (Social Phobia)（『ＤＳＭ-５ 精神疾患の分類と診断の手引』(pp.114-115)、医学書院、2014）より。
対人恐怖症とは、対人場面で不当に強い不安や緊張を生じ、その結果、人からいやがられたり変に思われたりすることを恐れて、対人関係を避けようとする神経症である。亜型として赤面恐怖、視線恐怖、自己臭恐怖、醜形恐怖などがある。青年期に多くみられる病態で、主としてその前期に発症し、多くは30歳前後には軽快に至る。性別としては男子に多い。またわが国特有の神経症といわれ、日本人の心性や文化、社会との関連がしばしば論じられている。 　わが国では森田正馬以来、対人恐怖症はいわゆる森田神経質の代表的なものとして、森田学派を中心に研究が進められてきた（⇒森田療法）。（略） 　次に、対人恐怖症を生み出す日本の文化的特徴について述べる。‥‥日本人の対人関係では、独立した個人と個人の対等な関係ではなく、相互の間柄によってその場が規定されるという。自分の要求を通すためには、強く自己主張するよりも、周囲との調和を図り、対人関係を円滑に保つことが重要となる。そのため直接的な言語表現よりも、気持ちを察する、暗に示すという形でコミュニケーションが行われ、表情、視線、しぐさなどの非言語的サインが大きな意味をもつ。そこから相手の態度や自分に対する評価を読み取っているわけである。対人恐怖症者は、人一倍理想が高く、負けず嫌いで、人より優越したい気持ちが強い反面、人から疎まれる	A. 他者の注視を浴びる可能性のある１つ以上の社交場面に対する、著しい恐怖または不安。例として、社交的なやりとり（例：雑談すること、よく知らない人に会うこと）、見られること（例：食べたり飲んだりすること）、他者の前でなんらかの動作をすること（例：談話をすること）が含まれる。 B. その人は、ある振る舞いをするか、または不安症状を見せることが、否定的な評価を受けることになると恐れている（すなわち、恥をかいたり恥ずかしい思いをするだろう、拒絶されたり、他者の迷惑になるだろう）。 C. その社交的状況はほとんど常に恐怖または不安を誘発する。 D. その社交的状況は回避され、または、強い恐怖または不安を感じながら耐え忍ばれる。 E. その恐怖または不安は、その社交的状況がもたらす現実の危険や、その社会的文化的背景に釣り合わない。 F. その恐怖、不安、または回避は持続的であり、典型的には６ヵ月以上続く。 G. その恐怖、不安、または回避は、臨床的に意味のある苦痛、または社会的、職業的、または他の重要な領域における機能の障害を引き起こしている。 H.（略） I. その恐怖、不安、または回避は、パニック症、醜形恐怖症、自閉スペクトラム症といった他の精神疾患の症状では、うまく説明されない。 回避性パーソナリティ障害Avoidant Personality Disorder（前掲書、p.307） 社会的抑制、不全感、および否定的評価に対する過敏性の広汎な様式で、成人期早期までに始まり、種々の状況で明らかになる。以下のうち４つまたはそれ以上によって示される。 (1) 批判、非難、または拒絶に対する恐怖のために、重要な対人接触のある職業的活動を避ける。 (2) 好かれていると確信できなければ、人と関係を持ちたがらない。 (3) 恥をかかされる、または嘲笑されることを恐れる

ことを非常に恐れて、過度に他者配慮的にふるまう。このような自我の突出をめぐる葛藤が対人恐怖症の根本的な病理であり、その性格特徴として、こういった強弱の矛盾する二面性が指摘されている。また、症状は、家族のように配慮や気づかいを要しない親しい間柄や、逆に見知らぬ人に対しては生じにくく、学校、職場、近所などのような中間的な親しさの人に対して生じやすい。‥‥	ために、親密な関係の中でも遠慮を示す。 (4) 社会的な状況では、批判される、または拒絶されることに心がとらわれている。 (5) 不全感のために、新しい対人関係状況で抑制が起こる。 (6) 自分は社会的に不適切である、人間として長所がない、または他の人と比較して劣っていると思っている。 (7) 恥ずかしいことになるかもしれないという理由で、個人的な危険をおかすこと、または何か新しい活動にとりかかることに、異常なほど引っ込み思案である。

ところがです。対人恐怖がない（と私たち日本人が思い込んでいた）はずのアメリカで、精神医学会が二十世紀の終わりごろに突然に、アメリカ人の17％が対人恐怖に相当する精神疾患に生涯で一度はかかると言い出したのです[16]。

ただし、アメリカ人は「対人恐怖」ということばを使いません。かわりに「社交不安障害」というのです（最初は「社会不安障害」の訳語が使われました）。けれども、症状はかなり似通っています。

参考までに、「対人恐怖（症）」と「社交不安障害」を、並べて表にしておきます（表６－２）。また、「回避性パーソナリティ障害」は、いわゆるひきこもりに多く見られるのですが、社交不安障害の重篤なものと見なされているので、右欄の末尾に付け加えておきました。

アメリカにおける「社交恐怖」の発見から「社交不安障害」の流行へ

社交不安障害は、１９８０年に発表されたアメリカ精神医学会編

『精神疾患の診断・分類マニュアル』の第三版、略称「DSM－Ⅲ」で、「社交恐怖」（当時の訳語は「社会恐怖」）という名称で初登場しました。英語は“social phobia”で、広場恐怖、閉所恐怖、高所恐怖、動物恐怖などの一群のフォビア（恐怖症）の一種として位置づけられていたことが分かります。

日本の「対人恐怖」に相当する症状が「社交恐怖」の名で登場したのには、日本にはないアメリカ（と西欧）のパーティ文化が背景になっているということがいわれます。欧米には、週末には自宅でパーティを開いたり、友人知人のパーティにお呼ばれして行く、という社交文化の伝統があります。そんな社交の場でエスプリに富んだ会話ができなかったらという不安と恐怖は、いくら日本人から見て社交的なアメリカ人にもあるのは当然で、だから「広場恐怖」と同じノリで「社交恐怖」と名づけられたものとは容易に想像できるでしょう。

けれども、社交恐怖は、それこそ他の種類のフォビア（恐怖症）と同様に、人口の1パーセント以下のまれな疾患だと思われていたのです。

それが一変して、「アメリカ人の17パーセントが生涯のどこかで被患する、ありふれた病気」になったのは、「DSM－Ⅲ」の改訂版である「DSM－Ⅳ」「DSM－Ⅳ－tr」が1990年代に相次いで発表され、「社交恐怖」を包摂するかたちで「社交不安障害」（旧訳名は社会不安障害）が登場してからのことでした。

表6－2の左右の欄を改めて読み比べて私が思うのは、右欄（社交不安障害＋回避性パーソナリティ障害）も左欄（対人恐怖）と同じどころかそれ以上に、私自身がこれまでイメージしてきた対人恐怖

に当てはまるということです。つまり、自分自身にぴったりするのです。むしろ、「視線恐怖、自己臭恐怖、醜形恐怖」だの「30歳前後には軽快に至る」だのといったよけいな記述がないだけ、右欄の特徴づけはより核心を突いています。「不慣れな場面でうまく振る舞えないのではないかと不安だ」⇓「だからつい対人接触を避けてしまう」⇓「職業活動さえ制限される」⇓「ますます対人スキルが劣化して対人不安が強くなる」という負のスパイラルを、純粋に表現しえているのです。

いったい、アメリカ人に対人恐怖がない、などという説は嘘だったのでしょうか。それともアメリカ社会が、いわば「日本化」しつつあることの徴候なのでしょうか。あるいは、アメリカ社会が求める対人スキルの水準がとんでもなくアップしてしまい、大勢の「落ちこぼれ」が出ているということでしょうか。さもなければ、これも、今までそれとなく指摘してきた「医療化」の一環と見なすべきでしょうか。

(3) ジンバルドーによる「シャイネス」研究──「個性」から「障害」へ

伏線は、「社交恐怖」のアメリカ精神医学界デビュー(1980年)以前に、あったのです。1960年代ごろから、ジンバルドーという著名な社会心理学者が「シャイネス」研究を展開し始めました。

シャイネス(shyness)つまり、シャイであることは、日本語では「内気」に相当します。「内気」

に比べると「シャイ」には、これもカタカナ語のありがたさか悪い響きがあまりしません。たとえば女性が男性を「シャイそうな」と形容するときには、「押しが強くて無神経で脂ぎっている」といった男性のステレオタイプ的マイナスイメージとは対極の、肯定的な意味が含まれていることがあります。

ところがジンバルドーにかかると、「シャイネスという牢獄」ということになってしまいます。「シャイネスは精神的ハンディキャップになりうるものであり、そのために友人ができなかったり、自分の意見や価値観の表明が阻止されたりとさまざまな個人的、社会的不利益を被る、また自意識過剰となり、抑うつ、不安、孤独を伴」います。それゆえ、「シャイネスは人を謙虚に見せるなどの一定の美点はあるが、基本的には克服すべきもの」という結論になり、早い時期からシャイネス治療法をいろいろと提案しているのです。

ジンバルドーは日本では、一般教養心理学の授業で広く用いられている教育ビデオ「心理学への招待シリーズ」(丸善出版)の監修者として知られています。単に監修するだけでなく、自分自身が「主演」するので、けっこう学生には評判がよかったようです。私も理科系大学で教養心理学を担当していたころ、このシリーズを副教材として使ったことがあります。全26巻からなるシリーズ全体を使うことはできないので、「知覚」とか「生理」とかいった使いやすそうな巻を選んで、事前検討するのです。

ある日、「発達」の巻を事前検討していたときのことです。

私は何ともいえない烈しい恥辱感を覚えました。

その巻では、一般的なパーソナリティ発達の話題から唐突に、「内気」（原文では“shy”）な子どもを発見したら発達臨床的に介入の必要がある、といった話に転じているのです。その当時は、ジンバルドーがシャイネス研究の第一人者であるなどとは、不覚にもよく知らなかったのです。もちろん自分が学生にも「シャイ」「ナーヴァス」として見られていることは重々承知していたつもりでした。けれども仕事の上での障害として意識されることももはやあまりなく、学生の眼には理科系大学にあって希少な人文系教員としての「個性」として見られているとも、半ば希望的観測を込めつつ想像していたのでした。

ところがこのビデオを見たら学生は、目の前にいる教師の「個性」が、実は「障害」であったと気がついてしまわないでしょうか。

「ひとりでいること=悪、人の中にいること=善、という大前提」への学生の異議申し立て

結局、ビデオのこの巻は教材に用いませんでした。個人的な理由からばかりでなく、一部の学生に対してのスティグマ化と抑圧の影響を懸念してのことでした。その後、偶然に見つけた次の文章は、そのような懸念を裏書きしていました。

以前、筆者は短大の講義の中で、学生たちに一つのビデオを視聴させた。どうしても人の輪の中に入れず戸惑っている幼稚園児が、次第に溶け込み、果ては自己主張するまでに至る経過を克明に記録した調査ビデオである。そのビデオを視聴した感想文の中に、「なぜひとりでいることは駄目なのですか。このビデオは、ひとりでいること＝悪、人の中にいること＝善、という大前提で作られていて、ひとりでいることが好きな私には、とても抑圧的な思いだけが残りました」という印象深い記述があった。ほとんどの学生が、幼稚園児への安堵感と共感という《無難な感想》を記したわけだが、この学生の問題提起は、筆者の既成概念に楔を打ってくれたのである。（大森与利子『「臨床心理学」という近代』雲母書房 2005, p.316）

ちなみに前述の対人恐怖の例に戻っても、もともと対人恐怖症の中核症状とされているのは赤面恐怖・表情恐怖・視線恐怖だったものが、このような身体化症状にいたる前段階に位置づけられていた「人見知り」を主訴とする「軽症対人恐怖」が大学の精神保健相談にも多く、しかも相談者の割合は、一年生と並んで就職活動にあたる四年生が最も多いという報告が、すでに1990年代になされています。[17] 以前は医療化の対象とは見なされていなかった「人見知り」、つまりシャイネスが、就職活動にあたる若者自身の間で自己医療化の対象と見なされていることをもの語っているのです。

かつて、「障害は個性である」という言説が障害者問題をめぐってなされ、論争を引き起こしてきました。今私たちが直面しているのは、「個性は障害である」へと向かう滔々たる医療化の流れなのです。その震源地は言うまでもなくアメリカです。[18] 少なくとも日本では、この流れの矛先はもっぱら発達障害系に向けられていたのですが、ウラ世界のコミュ障にも、医療化の波は確実に近づいてきているのです[19]。

以上で、二種類のコミュ障についてのやや専門的な知識背景を、簡単に紹介しました。次節から、本章の研究で検索し抽出したネット相談事例に戻ることにします。

6-5 職場の困難を訴える男性事例

女性からの相談事例1を読んで、比較的に恵まれているではないか、と思った読者もいるでしょう。就職して結婚して、今は専業主婦の身分でいられるのですから。一概にはいえませんが、男性の場合はそうはいかないことが多いようです。結婚以前に、職場の状況こそが一番の困難のもとになってしまうことがあるのです。

以下に引用する二つの例は、相談事例1と同じく、「人づきあいが苦手」で検索して上位に来た相談事例ですが、まさにそのような事例の典型例となっています。

（1）【ネット相談事例2】男性――「人間関係の苦手な私にどんな職が適しているでしょうか？」

【トピックス2】（教えて！goo（就職・転職）2005, 7月7日）

28歳男性。理工系大卒。「…会社の人間関係が悲惨なものでした。もともと、口数が少ない方で、対人関係が苦手な方でしたが、会社に入ってからは、同僚にもバカにされたような感じや疎外感を感じ、情緒不安定になり、うつ病になりました。」会社倒産。「就職活動中ですが、次を考えたときも、一般の会社では、まず人間関係で精神的に無理であろうと考えます。私は東京六大学出身の肩書きはもっていますが、そのプライドは捨てて…寿司職人や花屋なども考えたことがありますが、そういうものでも結構です。とにかく、対人関係のきわめて苦手な私に合った仕事はどんなものがありますか？」

この事例は「レス」の数が少ないので、すべて掲げて一通り見ておくことにします。

【レスNo.1】

「他人や社会に合わせようとするからしんどい」「本当にしたいこと、人生の目的は何ですか？」「自分の存在意義と使命と生きる意味を知って下さい」「そうなれば、対人関係に悩まなくても、『対人』のほうからついてきます」「神様の存在を否定しているものは、絶対に自信を持った生き方をすることはできません！」

【レスNo.2】

コンビニのバイトなど、短期のアルバイト等で対人力をアップしておいてから、自分がしたい仕事内容で探すこと。「人一倍、周りのことを気にしてしまう人。セラピーやボディーワークでご自分の制限、抑圧に気づいて、それを解き放っていくのも一つの方法」

【レスNo.3】

「寿司職人や花屋さんが怒りますよ！」

【レスNo.4】

職安で適性検査。トラック運転手など一人でする仕事。「対人関係を完璧にしようなどと考えず、気楽に生きていく…」

【レスNo.5】

「牧場」「農業」「試験場とか、研究機関」「教師、塾の先生」「いわゆる殿様といわれているような会社」「一部の役所」「自分が楽しめることをするのも、自信を持つ一歩になるのでは？」

【レス№6】

「デイトレーダーとかどうですか？」

【レス№7】

「営業をされるとよいでしょう。そう、もっとも対人関係が多い仕事です。」「実は私もそうでした。……営業に回されたときは、この世の終わりのように感じました。／しかし、やらざるを得ないようなところに入ると何でもできるものです。」「営業をやっている人の多くは初から快活で話上手な人ばかりではない……あなたはまだ啓発されていないだけです。それを啓発することをあなた自身が努力して挑戦しない限り……これからも情緒不安定と鬱病をくり返すだけでしょう。」

レス№1では、神様云々は別としても、「本当にしたいこと、人生の目的を知れば、対人関係に悩まなくても、『対人』のほうからついてくる」という指摘にうなずかされます。なぜならば、対人関係の改善そのものを目的にすることは、自分の髪をつかんで自分を天井に引っぱり上げようとするようなものだからです。天井に届こうとするならば、踏み台を探すなど、自分以外のことにまず集中せねばなりません。このことは次の相談事例3でも重要なポイントになります。レス№4の「対人関係を完璧にしようなどと考えず、気楽に生きていく…」も同様に役に立つ意見です。

レス№2、№4、№5はそれぞれ、自分自身の経験を背景にしていると思われる実際的でうなずかされる意見です。けれども同じく自己経験を背景にしていても、レス№7はいただけません。困難を乗り越えたという自負のある人からよく聞くタイプの「鍛錬」的な意見ですが、本人はたまたま（上司に恵まれていたなど）運がよかったか、それともコミュ障の程度が軽かったかのどちらかで、結果として成功してからは、そんなことは忘れてしまって人に勧めるのです。

特にこの相談事例2は、文面でうかがえる限り、コミュ障の程度が事例1に比べても重そうなので、無理は禁物です。特に気をつけたいのは、人づきあいが苦手を「鍛錬」によって克服しようといった態度が、より重い精神疾患や自死に結びついた例があることです。

（2）コミュ障の無茶な克服の努力は禁物

たとえば、『ガラスの壁――分裂病になった俺』（澤光邦、晩声社 2001）の著者は、地元の大学を出て四か月後に東京に出てきます。そして――

俺は以前から口下手で、バイト先の人ともうまく会話できず、人づきあいも下手だった。田舎にいたときから人嫌いの傾向が強く、対人関係は常に逃げ腰だったのだ。

そして六か月たったその冬にして、極度の孤独にたまりかね、一大決心をした。ぜひとも自分を変えよう！としたのである。

自分を変えるにはショック療法が最も効果的だと思った。自分の性格と正反対のことをやれば、必ず新しく生まれ変われることだろう。

劇団に入った一番の理由はそれである。それに友だちが欲しかった。(pp.21-22)

また、アルバイトにも営業を選びます。「俺がなんでセールスの仕事を選んだかというと、内気で人と接することが苦手な性格を改善するためというのが大きな理由だった。」(p.31)
けれども、劇団でもまたアルバイト先でもうまくいかず、五年後に統合失調症を発症して強制入院となるのです。ちなみにこの書名にある「分裂病」は、２００２年の病名変更の以前に使われていた「統合失調症」の旧名です。
もう一つよくあるタイプは、自分がコミュ障だった経験を生かして、他人のコミュ障を「治療」する側に立とうと、心理療法家といった職をめざすことです。ひょっとしたら読者のなかにも、そのような思いを抱いた人がいるかもしれません。けれども、コミュ障の自己鍛錬による克服が自分の髪を引っ張って自分を持ち上げようとすることだとすると、心理療法家をめざすことは、他人の髪を引っ張って持ち上げることを通じて自分も空中に浮かびたいと願うようなものです。最悪の結果を招いた例を、次のコラム「私が心理臨床家にならなかった理由」に挙げておきました。

【コラム】「私が心理臨床家にならなかった理由」

私の専門は心理学ですが、心理臨床・心理療法を仕事としているわけではありません。一般にはあまり知られていませんが、心理学徒の種類は「クリニカルサイコロジスト」と「リサーチサイコロジスト」に二大別されます。前者は臨床心理士、臨床心理学者、心理臨床家などと訳されていて、医療機関での患者さんや、教育相談の場でのクライエントさんに直接向き合って、心理テストや心理療法といった臨床的な仕事に携わります（この分野では、新しい国家資格の「公認心理師」の試験が2018年から始まっています）。後者は「心理学研究者」と訳せますが、臨床的な仕事をするのでなく、大学や研究所などの研究機関に属し、実験や調査などの研究を日常の仕事としています。私が属するのは、こちらの方です。

心理臨床家以外にも、メンタルな分野での対人支援の専門家には、精神科医を始めとして精神保健福祉士（PSW）、ソーシャルワーカー（福祉士）、精神科看護師、保健師、言語療法士と多くの種類がありますが、私はいかなるそのような職種にも縁がありません。大学の教師は長いことやってきましたが、教師は教育の専門家であっても、養護教員や支援学級の専門教員を別としては、対人支援の専門家とはいえません（大学教師には教育より研究が本職だと勝手に思い込んでいる人も少なからずいて、私もそのひとりでした)。すると、このような臨床心理や精神医学の領域に被《かぶ》るようなテーマを含む本を書くこと自体、専門家からは「資格もないのに口出しをするな」とお叱りを受けるおそれが出てきます。

けれども、そもそも「コミュ障」当事者には、そのような対人支援専門家になることにはハードルが高いという事情があります。私も学問的キャリアの初期には、心理臨床家をめざして研鑽を積もうとしていた時期がありましたが、周囲から適性の不足をやんわりと指摘され、自分でも自覚して、リサーチサイコロジストに転じたという経緯がありました。この決断はやむをえなかったと思っています。ちなみに、精神科医の書いた社交不安障害の啓蒙書には、次のような自死した臨床心理士の女性の例が載っています(磯部潮『知らなかった「社会不安障害〈SAD〉」という病気』講談社α新書 2007)。

大学の心理学科に入学して自分が社交不安障害であると知り、精神科を受診しカウンセリングを受けるようになった。薬も服用したことがあるらしい。それにとどまらず、同じような苦しみを抱えた人の役に立ちたいと、臨床心理士になった。けれども仕事がうまくいかず、自分のような人間が治療をすること自体、罪であるとさえ思いつめ、ビルの屋上から身投げして果てる——。

対人障害を主訴とする心理的なトラブルで、当事者がその経験を生かそうと対人支援専門家をめざすことの、陥穽を示す例といえないでしょうか。

けれども、はたしてそれでいいのでしょうか。

自分で何らかの病気を克服した経験があれば、その病気のよりよき支援者・専門家になれるということがいわれます。若いころに強迫神経症に悩まされた森田正馬博士は、強迫神経症の治療から始まって森田療法という世界に誇る精神療法を開拓しました。自らのうつ病とたたかった経験から、独自のうつ病治療法を編み出した精神科医もいます（さすがに統合失調症だけは病識がないことが特徴なので無理かもしれませんが）。それが、対人関係の障害だけは、対人的スキルを何よりも必要とするという理由で対人支援専門家になれないのだったら、人づきあいが苦手な人のための支援は、人づきあいが得意な対人支援専門家の手に全面的にゆだねられてしまいます。人づきあいが苦手という状態への研究も「治療法」も、人づきあいが得意な人々にゆだねられてしまうのです。それが、前節で触れたジンバルドーのシャイネス研究や、「ひとりでいること＝悪」という大前提で作られた教育ビデオになって表れているのだと思います。

考えてみればこれは恐ろしいことではないでしょうか。いささか不穏当な言い方になりますが、人づきあいが得意な人が苦手な人を理解することはきわめて難しいのです。理解する値打ちがないと思わないまでも、理解したつもりになって「支配」しにかかるのが実情なのです。逆も真なりだろう、ということばが飛んできそうですが、人づきあいが苦手な人が得意な人を理解したら（もしくは理解したつもりになったら）一目散に逃げることになってしまいかねません。これが私の長い人生経験に照らしていえることです。

だから、コミュ障（人づきあいが苦手）の研究も「治療法」も、基本的には当事者がやるのが重要なことなのです。それが、私が当事者視点によるインターネット事例研究という方法の開発を手がけた理由です。

（3）【ネット相談事例3】男性——「何度も職場で孤立してしまいます・・・」

この事例の「レス」も数が少ないので、「トピックス」と一括して表中にすべて引用しておくことにします。

【トピックス3】（Yahoo! 知恵袋（生き方、人生相談）2010, 10月10日）

「何度も職場で孤立してしまいます。人づき合いが苦手なのか、性格が暗いのか、学生時代に人間関係を学ばなかったとかなどいろいろ考え・・・／会社員は無理、限界かな・・・／資格をとってとか・・・」あまり人との共同作業ができない。周りの顔色を窺っている割に立ちまわれない。「知らないうちに標的にされているのが、なぜなのかわかりません。／おとなしいのかなんなのか」職場や集団になじめず、どこにも行き場所がなく、前向きに探すにも方向性がまったく見えない。「介護、按摩、農業……いろいろ見聞きしますが、どれもなじめない……／（ひきこもりやうつ病に。そうなりたくありません。というかもうなりたくないと。）／でも常に集団の中にいることにかなりの苦痛を感じてしまい／人に疑われたり、見張られたり、人の視線などどきりがないくらいで、真面目に黙々と仕事をこなしてもかなりしんどくなっています。／転職を考えてもう……集団の中でやっていく自信がありません。／資格などに挑戦していく意欲はあるのですが……／どうしたら、日々少しずつでもすすめるのか……／どなたかよきアドバイスを……」〈この質問は、活躍中のチエリアン・専門家に回答をリクエストしました。〉

【レスNo.1】

「人と関わらない仕事を視野に入れて資格を取る方がよい。心理学に詳しいのでその方面から。「自分はだめだ」ではなく、「自分は自分のままで大丈夫」と何十万回でも言い聞かせるつもりで心の中で思う。心は言い聞かせればそれを信じる。人間は何かが優れているからでなく、その人がその人自身であることが素敵なこと。これはアファーメーションという。」

【トピ主】

「ありがとうございました。」

【レスNo.2】

「仕事で居場所を作るには、一つでも得意な事に没頭すればよい。プロフェッショナルに徹底できれば誰かが注目する。話しかけられたら満面の笑みで自信をもって答える。その繰り返しの努力で居場所ができますよ。」

【レスNo.3】

「知人で映画や旅行は絶対ひとりでという人をリスペクトします。黙々と仕事をこなしている自分を誇りに思ってください。『人づきあいが苦手』にもかかわらず会社で頑張っていることが周りにきちんと伝われば、状況も変わってきます。」

【レスNo.4】

人間関係が原因で2回転職。「今の職場でも人間関係で苦労しています。3回目ともなると多少は打たれ強い自分になっていました。」辛いまんま辞めずに続けている。時間がたてば必ず強くなれる。今のこの苦しみは必ず自分のためになる。転職できればすることも方法。職安で適性検査。トラック運転手など一人でする仕事。「対人関係を完璧にしようなどと考えず、気楽に生きていく…」

この事例も相談事例2と同じく職場の困難を訴える例ですが、本章も長くなりすぎました。[20] ここでは、相談事例2と併せ、二つの事例をまとめて考察することにします。

(4) 二つの男性事例の考察からいえること

相談事例2と3の男性事例では、レスも少ないしトピ主にいかなる自己洞察が生じたかに手がかりもありません。[21] けれども、コミュ障当事者の視点をもつ一読者としては、事例2なら「啓発と鍛錬のナラティブ」とでも名づけるべきレスNo.7よりもNo.2、No.4、No.5が、事例3ならすべてのレスが、それぞれある程度腑に落ちるものであったと内省できるのです。

その理由をさらにかえりみると、(とりわけ相談事例3のレスNo.2に最も明白に表れていますが)、これらのアドヴァイスの共通点は、「要求水準を下げて対人ストレスの少なそうな環境を選び、仕事に没頭することを通じて必要最小限に受ける対人刺激に知らず知らずのうちに慣れてゆき、気がついたら居場所を何とか確保していた」、という方向性をめざしていると思われるのです。それは、対人技能のスキルアップや意識的な性格の改善などとは逆方向を向いているのです。

このような方向性がなぜ腑に落ちるかを、当事者として自分自身を振り返って反省すると、これがまさに私自身が職場を何とか勤め上げた「知らず知らずの秘訣」であったことに、今さらながら気づくのです。ここで、「知らず知らずのうちに」がポイントとなることにも留意しておきたいものです。

なぜなら、意識的なコミュニケーションスキルアップや性格改善のいかなる試みも、本章冒頭の「コミュ障テスト」で言い当てられた「自意識過剰」を悪化させる愚手となるからです。むしろ、相談事例2のレスNo.2にもあったように、各種のボディーワークや、IT技術など、自意識を忘れて没頭することで身につく技能が有効と思われるのです（ちなみに「よくなるとは忘れることである[22]」という森田療法の治療観が、同じ方向をめざしていると思われます）。

6-6 結論と展望

「人づきあいが苦手」をテーマとするネット相談事例を、リクールのナラティブ現象学にもとづいた方法で分析しました。その結果、「他者の心が読めない」というコミュ障の一般通念とは逆に、「他者の心が読めすぎ、他者の目に映った自分自身を意識しすぎる」という対人関係過敏が、対人回避を招いている可能性が示唆されました。また、その対処法として、「要求水準を下げて対人ストレスの少なそうな環境を選び、何かに没頭することを通じて必要最小限に受ける対人刺激に知らず知らずのうちに慣れてゆき、気がついたら居場所を何とか確保していた」という方向性のアドヴァイスが腑に落ちるものでしたが、これは同時に、コミュ障当事者としての著者自身が模索の末に身につけた知らず知らずの秘訣であったというように、事例を読むことによる地平融合から、当事者視点での暗黙の参照点に訴えることで、コミュ障という体験の構造的特徴、そしてまたそれへの対処法の特徴への、洞察が得られました。

方法論的には、本章で考案されたナラティブ現象学の分析法は、ネット相談事例を読むことで生じる変化の過程をかなりの程度に分析できる方法であって、他のテーマへも応用可能と思われました。相談者にとっての事例全体のナラティブの構造と分析者にとってのそれとで、同型性があることにも着目したいものです。分析者は事例全体を、当事者意識を共有する読者のひとりとして、自分自身に対するアドヴァイスとしても読むことができるのです。

最後に、ネット相談事例での多くのやりとりの分析を通して、著者自身の「知らず知らずの秘訣」を、ある程度の有効性と普遍性を確認しつつ洞察できたのは収穫でした。ネット社会に触れたことによる成果である以上、何らかのかたちで（ネットを含む）社会へと、本章で得られた知見を還元したいという思いに駆られるのです。その際、対人過敏・回避型のコミュ障が発達障害・ASDのそれに比べて「オモテ社会」で無視されてきたからといって、それを挽回するような方向性、本章の実例ならば社交不安症や回避性パーソナリティ障害といった診断名をあてがって治療するといった医療化や、「大人の発達障害」に対して提言されているような「障害者雇用」拡大などの福祉化[23]、といった方向性は避けたい気がします。本章でいうコミュ障は、基本的に他者に迷惑をかけるわけでも直接的な援助を必要とするわけでもなく、本来は治療や福祉の対象にはならないはずです。問題は、就職のような競争場面で不利になって本人が悩んだ末、社会の支配的な価値観に合わせるべく対人スキルアップを目論《もくろ》んでますます対人過敏を募らせ、事態を悪化させてしまうところにあるのです。[24]

実際、私は、この研究に携わることで、人づき合いが苦手であることによって今まで経験してきたさまざまな不利益と不都合にもかかわらず、心の奥底に決して途絶えることなく続いてきた小さな声に改めて気づく経験をしたのでした。その声は、145～146頁で引用した学生のことばを模するならば、次のように言っているようでした。

「なぜ一人でいることは駄目なのですか。この社会は、一人でいること＝悪、人の中にいること＝善、という大前提で作られているようで、一人でいることが好きな私には、とても抑圧的な思いがするのです。」

近年いたる処で「共生」「共生社会」というフレーズを見聞きします。「共生…第一に、異質なもの、多様なものが、それぞれの差異にもかかわらず、共に在り、生き、第二に他者を受容し、ときに葛藤し、ときに協働することを意味する」（秋元美世他 編『現代社会福祉辞典』有斐閣 2003, p.81）と福祉の辞典にもあるように、まことに結構な理念であって正面から反対することは難しく思われます。同時にこの理念のもとでは、「一人でいることは駄目」という大前提に抵抗することもまた、難しいように思われるのです。

そもそも異質なものの共生とは、何かしら自己矛盾的に感じられないでしょうか。むしろ異質なものは「住み分けによる共存」を図るのが自然ではないでしょうか。本章の相談事例で多く出現した「共」ならぬ「独」のナラティブが、それを示唆しているのではないでしょうか。[25]

第7章 現象学の過去から未来へ

7―1 「現象学すること」のおさらい

本書も最後の章になりました。ここでは、まず7―1で、これまでに明らかになった、現象学することの方法を、つまり現象学を使って何かを研究する仕方の、おさらいをします。7―2では、「現代へ向かう現象学の展開」が第5章では哲学篇で打ち切りになっていたのを補って、「心理学・精神医学篇」として、現象学が心理学や精神医学といった人間科学の分野でどのように発展してきたかを簡単に振り返り、人間科学としての現象学の方法の総まとめをします。そして7―3で、現象学を万人の万人による万人のための研究とするべく、呼びかけます。

まず、第I部で取り上げた夢の現象学的研究と、第II部でのコミュ障の現象学的当事者研究の、二つの研究に共通している方法は何かをここで振り返っておきます。それは第一に、エポケーに始まる現象学的還元であり、第二に本質観取、つまり、その体験が体験として成立するための必須の条件の識別でした。

（1）エポケーに始まる現象学的還元

これは、夢研究の場合ならば夢記録テクストを、たとえどんなに奇妙なことが描かれていても、説明や解釈をするのではなく、ありのままに、現実世界と対等の夢世界として受け入れる、ということから研究を始めることを意味していました。コミュ障研究の場合も、ネット相談での相談者の「質問」テクストも「レス」のテクストも、同じように書き手の体験世界を描写しているものとしてありのままに受け入れることから始めたのでした。

加えて、コミュ障研究では、第Ⅰ部ではまだはっきり指摘されていなかった新しい現象学的な方法論的概念を使いました。

一つは、「テクストの一人称的読み」です。他人の夢記録であれ、他者が書いたテクストであれ、自分自身の体験を自分で書いた後、どこかにしまい込んで忘れていたものにひょっこり出会ったものとして読む、というのがテクストの一人称的読みです。そんなことを言ったって、時代も年齢性別も境遇も違う人の夢を、自分が見た夢として読むのは難しいではないか、といわれるかもしれません。そんなとき私は、「可能世界における私」という考え方を使うことにしています。

たとえば夏目漱石の『夢十夜』に記された夢を現象学的に分析するためには、まず、漱石の夢を、

「自分が漱石として生まれたような可能世界において、漱石としての自分が見た夢」として読むことから始めるのです。なぜこんな読み方が許されるかといえば、それは、自分が渡辺恒夫として生まれたことは偶然であり、したがって他の誰かとして生まれたことも可能だったと、私には思われるからです。自分が渡辺恒夫として生きているこの世界は、無数の可能世界のうちの一つがたまたま現実化したにすぎないのです（このような考え方に体験的源泉があって現象学的にも明確化できることについては、拙著『フッサール心理学宣言』講談社 2013 参照）。

もう一つが、「地平」です。私の生きる世界は地平線に限界づけられて有限ですが、地平線まで辿りつくとまた新たに地平が展開するというように、世界は有限性と無限性を兼ね備えています。そして、他者の書いたテクストを読むとは、他者の地平をひらくことになるのです。しかも、地平は人ごとに違っています。その地平ごとの違いを手がかりとして、問題になっている当の体験、コミュ障という体験や夢という体験が、体験として成立するために必須の構造的特徴は何かの探究が始まるのです。そこで現象学的研究は、おのずと方法論の第二の柱、本質観取へと導かれることになります。

（2）本質観取

夢が夢体験として成立するための必須の条件、現実体験とは異なる夢体験の本質は、第Ⅰ部の最後で指摘したとおりです。現実世界では、今ここにない対象を「思い浮かべる」という志向的意識には、

「それは現実ではない」という二次的な意識が伴って意識が二重構造となっています。ところが夢世界では、二次的意識が消滅して「思い浮かべる＝知覚する」になってしまい、一重構造へと変容してしまうのです。

とはいえ、このような体験構造上の特徴を識別するには、単に夢記録とにらめっこしているだけではまず無理です。そこで援用したのが、フッサールによる志向性の分類だったのです。このような、現象学者が提供する知見の援用は、コミュ障の現象学でもなされています。リクールによるナラティブの分類がそれでした。

今まで何度か述べたように、学問的認識の第一歩は比較で第二歩は分類です。でも、複数のデータを単に並べてにらめっこしているだけでは、適切な分類基準は見つかりそうもありません。フッサールの志向性論、リクールのナラティブ論は、分類の基準を見つけ、本質観取を促進するという、ヒューリスティク（発見的手法）の役割を果たしたのです。ここに、私たち、心理学など人間科学を実践する者が、現象学哲学の歴史をも学ぶ意義があるのです。

7-2　現代へ向かう現象学の展開（二）――心理学・精神医学篇

以上、復習した、エポケーから始まる現象学的還元と本質観取という現象学の方法論的二本柱は、

第４章で書いたように、フッサールによってすでに唱えられています。１９２８年のこと、現象学には超越論的現象学と心理学的現象学の二つがあることを説いた論著で、両者に共通の方法論的二本柱として挙げているのです（『ブリタニカ草稿』巻末「読書案内」〈3〉頁）。

それなら、フッサールと同時代やそれに続く時代の心理学者・人間科学者は、この方法論的二本柱を発展させたでしょうか。残念ながら、歴史はまったく異なって展開してしまったのでした。方法論的二本柱が心理学としての現象学研究のなかで改めて取り上げられて再び発展するには、１９７０年ごろ、アメリカのアメデオ・ジオルジの登場まで待たねばなりませんでした。

けれども、この話に入る前に、現象学的精神医学について紹介しておくことにします。現象学的精神医学は、この、現象学が心理学・人間科学として発展する途上の長い空白期に、輝かしい知的達成を遂げ、同時に、現象学の心理学・人間科学としての地道な発展への妨害因ともなったのでした。

(1) ヤスパースの精神病理学

現象学が精神医学の方法として登場したのは、ヤスパースの『精神病理学原論』（西丸四方 訳、みすず書房 1971）が最初でした。１９１３年のことです。ヤスパースは後に実存哲学に転じますが、この本を著したのは30歳のときというから驚きです。この本は改訂を重ねて日本では、『精神病理学総論』（内村祐人之・西丸四方・島崎敏樹・岡田敬蔵 訳、岩波書店 1953）という名で知られ、古典中の古典として大きな影響を与えました。

この本の重要性は、精神病理学の三つの方法を鮮やかに示したところにあります。現象学、了解、説明です。

現象学は、精神科の患者さんの訴えを、その主観的体験世界の描写と見なして記述することです。フッサールのように現象学的還元のような特別な方法を使わないので、記述現象学と呼ばれます。それでも患者さんの内面世界の記述の豊富さは圧倒的で、いろいろ比較分類することで、症状診断につながる多くの知見が得られています。

次の了解と説明は、セットとして論じられることが多いので、ここでもそうします。

「了解」は、二十世紀の始めごろ、ドイツの哲学者ディルタイや社会学者マックス・ウェーバーによって、自然科学的な「説明」とは異なる、人間科学独自の方法として唱えられたもので、「理解」とも訳されます。[26] 両者を比較すると、

説明：個別事象を一般法則に包摂すること。これによって過去へ向かっては「原因による説明」が、未来へ向かっては「予測」が、可能になる。

了解（理解）：「理由」によって、たとえば「彼女が窓を開けたのは部屋が蒸し暑いからだ」と説明すること。理由による説明が原因による説明と異なることは、例文が「彼女は部屋の蒸し暑さを減じるために窓を開けた」と、目的論的説明に変換可能なことから分かる。このような了解には、

説明と異なり、感情移入と追体験がはたらいている。

またヤスパースは、精神状態を了解可能と了解不可能に分けたことでも知られています。失恋で落ち込むのは誰にでも追体験でき、したがって了解可能な心の動きです。ところが、本人にも周囲にも心当たりがないのに周期的に激しく落ち込むのであれば、それは了解不可能で、病理と診断することになります。ひょっとすると脳の不調が疑われ、了解すべきことというより自然科学的に説明すべきこととなるのです。

ヤスパースの記述現象学は、精神病理学の方法として日本では高く評価されてきましたが、現代精神医学の中心である英米諸国ではそれほど知られていなかったようです。ところが近年、英米で時ならぬヤスパース再評価の機運が盛り上がっているということです（ガミー『現代精神医学原論』村井俊哉 訳、みすず書房 2009）。現代の精神医学の主流である心理－社会－生物的アプローチとは、方法論を見失った折衷主義にすぎず、それを乗り越えるための方法論的多元主義として、ヤスパースの現象学・了解・説明の三分法にもとづく方法論的自覚が求められているというのです。[27]

（2）現象学的精神医学の興亡

通常、ヤスパースの記述現象学は現象学的精神医学とは見なされず、フランスのミンコフスキーがベルクソンの哲学から影響を受け、「統合失調症」における自閉は精神病者が現実との生命的接触を喪失したことによると捉えたことが、現象学的精神医学の先駆と見なされています（ミンコフスキー『精神分裂病（改版・新装版）』村上仁 訳、みすず書房 2019）。１９２７年のことです。ミンコフスキーの精神病症状の捉え方は、後にビンスヴァンガーの現存在分析にも影響を与えました。踝《くびす》を接してドイツのストラウスは１９２８年に、うつ病者の時間体験について体験内在的時間（自我時間）と体験外在的時間（世界時間）を区別して論じました。同じころフォン・ゲープザッテルも、ストラウスから影響を受け、人の死にも体験内在的な死と体験外在的な死を区別し、生命生成発展は体験内在的死の実現によって担われていると考え、うつ病において内在的時間が停滞するとしました。このように、ミンコフスキー、ストラウス、ゲープザッテルらの、人間学的精神病理学とも称される潮流は、ハイデガーの『存在と時間』(1927）が影響を及ぼす以前から始まっていたのです。

とはいえ、スイスのビンスヴァンガー（1881-1966）の創始した現存在分析が、現象学的精神医学の真の幕開けと見なされることが多いようです。ビンスヴァンガーはフロイトに学んだ精神分析医でしたが、ヤスパースによる、精神分析は了解不可能な精神症状を了解可能であるかのように語る疑似了解である、という批判を受け、了解不可能とされてきた統合失調症者が訴える症状を了解可能なものとして把握するために、現象学哲学の概念を活用しようとしたのでした。特にハイデガーの『存在と時間』の影響を受け、精神分析を土台として現存在分析と称しました。

同じスイスのやはり精神分析医のメダルト・ボスは、ハイデガーを招聘してツォリコーン・セミナーというセミナーを毎年のようにひらき、現存在分析をさらにハイデガー哲学的に深化すべく務めました。

ビンスヴァンガーやボスの著作は、1960年代から日本でも紹介されるようになり、私もある時期、夢中になって読んでいたものでした。特に、ビンスヴァンガーの『夢と実存』、ボスの『夢――その現存在分析』と、夢の現象学のパイオニア的著作を発表していることは、特筆すべきことといえます（共に巻末「読書案内」〈1〉〈2〉頁参照）。

次の時期の現象学的精神医学の大立て者が、ドイツのブランケンブルグであり、日本の木村敏です。この二人は、「自明性の喪失」という現象学的精神医学の重要な概念によって知られています。

ブランケンブルクは、統合失調症の診断を受けた21歳の患者アンネの詳細な訴えを検討して、その症状の本質を、普通の人が当たり前に分かっている生活技術が分からなくなるという、「自然な自明性の喪失」にあるとしました。そしてその根底に、諸事物や社会の仕組みがハイデガー哲学でいう道具的連関をもって現れるはずが、どのような原因からか「道具性」がカッコ入れされ「エポケー」されて、無意味で不可解な物やメカニズムの集積に化してしまうという、「統合失調症性のエポケー」が生じていることを見て取ったのでした（『自明性の喪失』木村敏他 訳、みすず書房 1978）。

木村敏もまた、統合失調症者の訴えの根底には、「私が私である」という自明な自己同一性の喪失があり、さらにその根底には、A＝Aという自己同一律の自明性の喪失があるとして、独自の現象学的統合失調症論を展開しました。

ブランケンブルクも木村敏も、主要な著作は容易に手に入ります。特に木村敏は、1970年代という初期に出た新書版の『自覚の精神病理』、『異常の構造』（共に巻末「読書案内」〈6〉頁参照）が読みやすく、私も、自我体験・独我論的体験というテーマを現象学的に開拓するに当たって参考にしたものでした。また、ブランケンブルクの「統合失調症性のエポケー」に想を得て、主として児童期に生じる自我体験・独我論的体験を、正常な発達過程の中で生じる「発達性エポケー」として位置づけたりしました（拙論「自我体験研究への現象学的アプローチ」『質的心理学研究』11, 116-135, 2012／拙著『フッサール心理学宣言』参照）。

そのように、個人的にも大きな影響を受けてきた現象学的精神医学ですが、1980年代から退潮に向かうことになります。

その原因の一つは、世界の精神医学の潮流が、薬物療法を中心とした生物学的精神医学へとめどなく向かっていることにあります。それとともに、「エビデンスにもとづいた医学（EBM）」ということが医療界で強調されるようになり、抗精神病薬のように臨床試験にかけられることの難しい、精神療法・心理療法のたぐいには、疑いの目が向けられるようになってしまったのです。特に大きな打撃を受けたのは、1970年代までアメリカの精神医学に影響力を保ってきた精神分析でした。抑圧や同一化、投射、といった精神分析的な概念を用いた精神疾患の病因論は、エビデンスなき非科学的思弁として、厳しく退けられるようになってしまったのです。

精神分析ですら非科学的として退けられるのですから、ましてその精神分析を科学主義として批判してきた現象学的精神医学に、出る幕がなくなってしまったのも当然です。けれど、現象学的精神医学の側にも、責任の一端はあったのです。

一言でいえば、難しくなりすぎてしまったのです。とりわけ、第Ⅰ部の最後でも指摘したように、フッサールの超越論的現象学とハイデガーの実存哲学を崇めるあまり、同時代の心理学・人間科学の潮流に背を向けてきた、そのツケが回ってきたのではないでしょうか。たとえば、現象学的精神医学の通史であるタトシアン『精神病の現象学』(小川豊昭・山中哲夫 訳、みすず書房 1998) にも、次のような極端な心理学軽視の評言を見ることができるのです。

…現象学は心理学的理解とは異なった、もっと広く深い理解の方法を提示する。…ところで現象学は心理学的な精神病理学ではない。たとえこの二つの関係の曖昧さのために、ヤスパースやブロイラーの場合のように、ある種の心理学的な分析が現象学的射程を持つことがあったにしても、また、そのようなアプローチを装った心理学が、特に実存論的な心理学を引き合いに出すことがあったにしても、真の現象学はそのようなものではない。(タトシアン『精神病理の現象学』小川豊昭・山中哲夫 訳、みすず書房 1998, p.2)

ここでいう「真の現象学」がどのようなものかはよく分かりませんが、少なくともタトシアンはじめ今まで挙げてきた現象学的精神医学者たちは、フッサールが超越論的現象学(=現象学哲学)と心理学的現象学（=現象学的心理学）の二種類を自ら提案したことには、まったく触れていないのです。結局、フッサールの考想になる現象学的心理学が実現するのは、半世紀近い空白期間をへてのことになってしまったのです。

（3）現象学的心理学の新たなる登場

フッサールの現象学的心理学を、現代心理学の方法として発展させようという動きは、最初オランダで始まり、1970年代からアメリカ、デュケイン大学のジオルジを中心として展開されるようになりました。ジオルジについては邦訳もあり（巻末「読書案内」〈6〉頁）、第5章冒頭に触れたように、たびたび本書で引き合いに出しているラングドリッジにも「記述現象学的アプローチ」として紹介があるので、詳しいことはそちらに譲りますが、特徴としては第一に、エポケーに始まる現象学的還元と本質観取、というフッサール現象学の方法論的二本柱を、心理学研究の中でできるかぎり忠実に実現しようとしたことです。

第二に、そのための具体的方法として現象学的分析段階進行表を考案したことです。これは特に、フッサールの原典など読んでいるヒマのない現場の研究者にとってありがたいことでした。

例として第2章の【夢事例2】「明後日の予定が実現している夢」（23〜24頁）を、分析段階進行表にかけることにします（表7－1）。

この夢を再度取り上げる理由は、「入門篇」の第2章では、この夢が夢世界の原理の例解として出てきただけだったからです。夢世界の原理そのものがこの夢を現象学的分析進行表にかけることで導き出されるというのが、研究論理上は妥当な順序だからです（私自身の研究の事実としては、最初に夢世界の原理が閃いたので、そのような順序で進みませんでしたが）。だから「中級篇」である本章では、夢世界の原理が夢事例の現象学的分析進行表からどのようにして導き出されるのか、お手並み拝見、といったつもりで、読者の皆さんには読んでいただきたいのです。

ただし、自分で研究をしてみるという予定が具体的にない読者にとっては、いささか説明が煩瑣になるかもしれません。その場合は、ザッと表を眺めただけで次の（5）に跳んでも、全体の理解にはさしさわりはありません。

（4）現象学的分析段階進行表による「夢世界原理」の導出（表7－1）

段階Ⅰ　テクストの原文をエポケーの態度をもって読みます。どんな奇妙なことが描かれていても、説明や解釈を試みるのでなく、ありのままの体験現象として受け止めるのです。この際、テクストが三人称で書かれていれば、表6－1（122頁）の「一人称的読み」にしたがって、一人称に変換します（ジオルジはここで、一人称的テクストは三人称に変換せよという指示を出していますが、分析者がテクストに過度に心理的に同一化してしまうことを避けるためとはいえ、受け入れがたいものです）。

表7-1「明後日の予定が実現している夢」の現象学的分析段階進行表

<table>
<tr><td colspan="4">段階Ⅰ）夢テクストの原文（夢事例2〈夢内容〉）をエポケーの態度をもって読む。
〈原文〉まず、受付に行って、窓口でスタッフと話す。日本人だったかな。隣の窓口でも、他の人が、同様なやりとりをしていた。／その後、相手が通路まで出てきて、四角で囲んだ5の数字の記してある紙片を渡す。「パーフェクトです」と言う。それも、A2のレベルだという。会話はまったくダメなはずなのに、不相応に高いレベルに編入では困った、と思った。聞き取れなくとも相手のみぶりで分かってしまった、ということなのだろうか。／隣の人は、「2」らしい。これが、筆記テストらしい（などと、筆記をした覚えもないのに、考えた）。／次にドイツ人と会話するテストだ。窓口で相手をした、私の担当の日本人スタッフが、ドイツ人を探しに行く。先刻の窓口カウンターの内側で、何かやっているドイツ人に、「ちょっと」といった感じで合図をする。ドイツ人が通路に出てくる。とりあえず、“Guten Tag”と言おうかな、などと思っている‥‥（「／」は原文改行）</td></tr>
<tr><td>段階Ⅱ）テクストを意味的に分節する（枝葉の部分は省略）。下記の5つに分節。</td><td>段階Ⅲ）現象学的還元（主題と関係ない言明や反復や重複の除去）によって得られた夢テクスト。</td><td>段階Ⅳ）夢テクストに対応する現実テクスト。（夢事例2〈現実の状況〉の記述を元に作成）。</td><td>段階Ⅴ）フッサールの志向性分類（表2-1）に基づきⅢとⅣの志向性の構造を比較。</td></tr>
<tr><td>1.まず、受付に行って、窓口でスタッフと話す。日本人だったかな。（略）。</td><td rowspan="2">私はレベルチェックを受けるためゲーテ・インスティテュートに行き、窓口の日本人とやりとりをすると、チェックの結果らしき紙片を渡される。</td><td rowspan="2">明後日にゲーテ・インスティテュートでレベルチェックを受ける予定でいる。まず筆記テストがあるらしい。</td><td rowspan="2">Ⅳでの未来企画・予想（＝予期）がⅢで「現実の知覚体験」として実現している。つまり、Ⅳ：準現前化・予期
Ⅲ：現前化・知覚</td></tr>
<tr><td>2.その後、相手が通路まで出てきて、四角で囲んだ5の数字の記してある紙片を渡す。</td></tr>
<tr><td>3.「パーフェクトです」と言う。それも、A2のレベルだという。</td><td rowspan="2">いつのまにか筆記テストの結果が出て、会話能力に比べて不相応に高いレベルに編入されそうになって困っている。</td><td rowspan="2">筆記テストの結果が良くて、会話能力に比べて不相応に高いレベルに編入されたら困ると思う。</td><td rowspan="2">Ⅳでの懸念（＝予期）が、Ⅲでは「現実の知覚体験」として実現している。
Ⅳ：準現前化・予期
Ⅲ：現前化・知覚</td></tr>
<tr><td>4.会話はまったくダメなはずなのに、不相応に高いレベルに編入では困った、と思った。（略）隣の人は、「2」らしい。これが、筆記テストらしい（略）。</td></tr>
<tr><td>5.次にドイツ人と会話するテストだ。（略）ドイツ人が通路に出てくる。とりあえず、“Guten Tag”と言おうかな、などと思っている。</td><td>ドイツ人と会話テストで対面している。</td><td>ドイツ人と会話テストで対面することを予想している。</td><td>Ⅳでの予期が、Ⅲでは「現実の知覚体験」として実現している。
Ⅳ：準現前化・予期
Ⅲ：現前化・知覚</td></tr>
<tr><td colspan="4">段階Ⅵ）全体のまとめとしての本質観取。全てにわたって、Ⅳ：準現前化・予期、Ⅲ：現前化・知覚、の対比が見られる。すなわち現実の体験では準現前化・予期であるものが、夢世界では現前化・知覚として現れる。</td></tr>
</table>

段階II　ここはジオルジの方式に忠実に、テクスト全体をいくつかの意味単位に分節します。おおざっぱでいいです。表では、枝葉の部分を省略していますが、スペースの都合でこの段階でそうしているだけで、本来は次の段階IIIで省略などの操作を行うのが正式です。

段階III　枝葉を除去するのと同時に、段階IIで分節された意味単位を、可能ならより大きな意味単位にまとめて、本質的な要素が浮き彫りにされるよう書き直して、「夢テクスト」とします。この手続きに、記述現象学的アプローチでは現象学的還元という物々しい名前を与えていて、いろいろ難しい議論もあるのですが、あまり気にせずに進むことにします。

段階IV　この欄には、段階IIIでの夢テクストにできるだけ密接に対応し、それゆえ夢と現実という体験同士を比較するのに役立つ、「現実テクスト」を記入します。一般にはそのような現実の描写は夢日記の中には見つかるとは限りません。さいわいこの夢の場合、【夢事例2】の〈現実の状況〉として、次の記述があるので、これを使うことにします。

　2015年10月26日。最近、ドイツ語の会話を始めようと思い立ち、赤坂にあるゲーテ・インスティチュート（ドイツ政府肝いりの日独文化交流機関）に行って説明を受けた。
　中途からの入学には筆記とドイツ人との会話から成るレベルチェックを受けねばならないという。会話はまったくダメなくせに筆記テストでヘタに高得点が出たりしたら、上級クラスに入れられて苦労しそうなので、筆記では零点が出るようにしなければ、などと考えた。

そのレベルチェックに予定しておいた日の二日前に、次のような夢を見たのだった。

これで、段階Ⅳの欄が埋まりました。

段階Ⅴ　ここで、夢テクスト（段階Ⅲ）と現実テクスト（段階Ⅳ）を比較する際の比較基準として、志向性の違いで比較するという、ヒューリスティク（発見的手法）を投入します。このように、分析段階進行表の途中で、ヒューリスティクを投入して本質観取を促進するというアイデアは、シェフィールド学派という記述現象学の一派に示唆を得たものです[28]。

志向性の違いの比較のために用いるのが、フッサールの志向性分類表です。念のため、第2章の表2-1から関連部分を抜粋します。

この志向性分類表を参照して、段階Ⅴに、夢テク

表7-2　フッサールにもとづく志向性分類表の抜粋・一部改変

志向性の種類	意識の様相	解説
知覚する（現前化）	知覚 ・原印象 ・過去把持 ・未来予持	知覚的現在は、過去把持-原印象-未来予持から成る。 夢分析にはあまりかかわりがないと思われる。
思い浮かべる（準現前化）	知覚以外	「ありありと思い浮かべる」こと。現に今、現れていないような対象を思い描く作用。
	予期	明日予定されている会議の光景を思い浮かべる等。未来予持に比べて能動的な作用。
	想起	昨日のコンサートの情景を思い浮かべる等。過去把持に比べて能動的な作用。
	空想	一角獣のような架空の対象を思い浮かべる。
	記号・画像、等	たとえば、読書で文字を記号として物語の中に入り込む。絵をある人の肖像として見る等。

ストでは「現前化：知覚」の志向性であるものが、「現実テクスト」では「準現前化：予期」になっていると、比較した結果を記しておきました。段階Ⅳ：準現前化・予期、段階Ⅲ：現前化・知覚、なのです（段階Ⅲは夢だから想像であり準現前化ではないか、という人がいたら、それは現象学的ならざる「解釈」におちいっているのです。夢の中では、明晰夢という特殊例を除いては、想像であるなどと思っていないのですから）。

最下段の段階Ⅵはまとめとしての本質観取です。これで夢世界の原理①の一部が導出されたのです。同じ手続きによって、想起や空想や記号・画像（小説や映画）という志向性が、夢では知覚・現前化の志向性へと変容することが、つまりは夢世界の原理①②の全体が、いろいろな夢から導出されるはずです（読者には適切な自分の夢を選んで、やってみることを勧めます）。少し複雑になりますが、夢世界の原理③④も導出されるはずです。

以上、志向性分類というヒューリスティクを用いた現象学的分析段階進行表の威力の一端を、味わってもらえればさいわいです。ちなみに、第6章「『コミュ障』の当事者研究」で用いたナラティブの分類もまた、ヒューリスティクとみなすことができます。

(5) 現象学的分析手続きのモデル化

図7－1は、今までの現象学的分析の手続きを図式化しモデル化したものです。

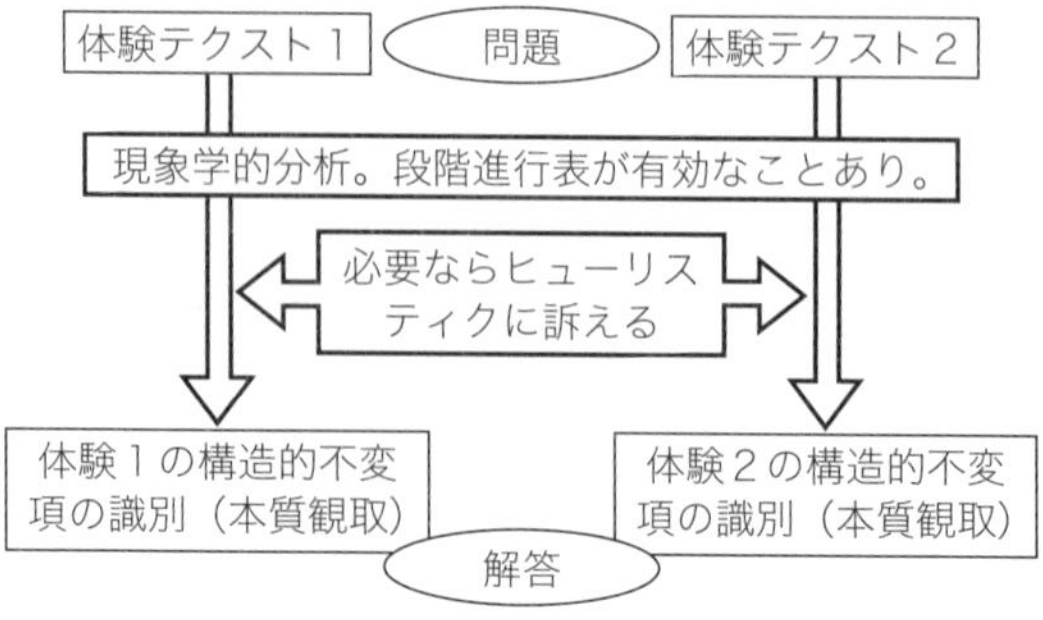

図7-1　現象学的分析手続きの一般モデル

学問的認識の一歩は比較ですが、現象学的分析でも複数の体験テクストの比較から始めます。夢分析の場合はやや特殊で、夢体験と現実体験の比較では「体験テクスト2」にあたる「現実テクスト」は「体験テクスト1」の「夢テクスト」と同じ段階進行表の中に入れられて単線化していますが、対等の体験同士を比較する場合、図のように途中まで独立の過程になります。段階進行表は、「コミュ障」の分析の場合、比較すべき短いテクストが多数あったため省略でき、ヒューリスティクとしてリクールのナラティブ分類を用いて一挙に本質観取に達しています。

体験テクストが一つの場合という、臨床心理や精神医学でよくある単一事例報告の場合、どうするかというと、ジオルジは同一テクストを複数の分析者が分析するという方法を推奨しています。けれども、本書では、原則として共同研究者なしに一人で研究することを原則としているので、この方法はとれないし、そもそも夢分析やネット事例を使った当事者視点の研究の場合、単一事例報告はまずないので、気にする必要はないと思います。

図7－1で、「問題」とは、夢分析の場合、「なぜ未来の予期が夢では現実になるのか？」という疑問であり、コミュ障研究の場合、「コミュ障がコミュ障として成立する体験の本質は何か？」でした。本書ではそれぞれ、「現実世界での意識の志向性の二重構造が夢世界では一重になるからである」、「対人関係過敏が対人回避を招いている」という解答が得られたのでした。

7－3 現象学の未来——万人の万人による万人のための現象学

本書も最終局面に入りました。

現象学的心理学は、フッサールによる1928年の提案いらい長い空白期間をへて、現代に見事に蘇ったのです。なぜこのような蘇生ができたかの歴史的検討はここではしませんが、二十世紀中盤を支配した行動主義心理学の影響力が揺らぎ始めた1960年代からの人文社会科学における質的研究の目覚ましい発展と、その一環としての質的心理学の勃興があったことは、背景として見逃せません。

現在、現象学的心理学の諸潮流で最も普及しているのは、第5章冒頭で紹介した解釈学的現象学のアプローチです。これは主に看護・福祉系の研究に影響を及ぼしているのですが、この領域はもともとが数量的な研究のなじまない分野で、早くからグラウンデッド・セオリー・アプローチ（GTA）

という社会学発祥の質的研究が発展していた領域でした。だから日本でも、看護福祉系の現象学研究は盛んになってきていて、現象学哲学者の参加も見られます。

けれども本書は、もともと、臨床や対人支援の仕事どころかいかなる研究現場とも無縁だった読者でも、たとえ「ひきこもり」といわれるような境遇であったとしても、ネット環境さえあれば始められる現象学研究をめざしているので、ここでは扱わないことにします。

最後に本書のめざす現象学の未来を明らかにしておきます。

それは、万人の万人による万人のための現象学、ということです。

まず、本書で明らかになったように、現象学といえば現象学哲学を意味するという時代は、とっくに終わったのです。現代、日本を含む世界の哲学界の主流は分析哲学で、現象学哲学も徐々にそこへと吸収されていくのは時間の問題です。現象学哲学は、虎が死して皮を残すように心理学・人間科学の方法を残して、歴史的使命を終えつつあるのです。これからは、現象学といえば現象学的心理学を意味するという時代になるのです。だから本書のタイトルも、実質的には現象学的心理学なのですが、「現象学」で済ませることにしたのです。

そして、哲学から独立した現象学は最も心理学らしい心理学なのです。なにしろ自分自身の体験を、直接経験を考察することから始める、自己をテーマとした心理学なのですから。しかも、本書で紹介した現象学の研究法は、実験設備もなく臨床や対人支援の場もなく、研究資金さえない、ひきこもりに近い身の上であっても、ネット環境さえあれば明日からでも始められる研究法なのです。

２０５０年にはほとんどの仕事でＡＩが人間にとって代わり、わずかに対人ケアと創造性の分野だけが残されるといわれています。創造性の領域では創作と研究が主な分野となりますが、当たりはずれの差が激しく、運にも左右される創作の分野と異なり、研究は地道な努力が実を結ぶ領域です。読者の皆さんが、明日にでもネットをひらいて自分自身の問題を研究することを願ってやみません。そのためにこそ現象学が存在するのですから。

あとがき

本書の構想のもととなったのは、ある学会の後のパーティで、新曜社のベテラン編集者である塩浦さんがなにげなく語った、現象学はとにかく難しい本が多いので入門書なら高校生でも分かるものを、という言葉でした。その時は、ご冗談でしょうと聞き過ごしていたのですが、数年たってふと気がついたのです。自分がこのところ続けている研究こそ、高校生でも分かるどころか、高校生でも研究ができるやりかたでの、現象学なのではないか、と。

さらに直接のきっかけとなったのは、二年ほど前、NHK Eテレの「サイエンスZERO」という番組の特集「最新レポート！〝夢〟の科学」（2019/12/22）に出演したことでした。AIや脳イメージングなど先端科学の道具立てを駆使した共演の方々の研究に驚嘆し、夢科学のビックサイエンス化に一抹《いちまつ》の寂しさをおぼえるとともに、研究室も研究予算もすでにない自分に何ができるかを顧《かえり》みてたどりついたのが、ネット環境さえあれば誰でもできる「手作りの科学」という構想でした。

そして、手作りの科学の方法としては、自分自身の体験を内側から観察し、記録することから始める現象学こそふさわしい、ということでした。

本文中でもくりかえし述べていますが、本書での「現象学」とは「現象学的心理学」を意味します。

ふつう、現象学といえば、フッサールやメルロ＝ポンティなどの、ドイツ語やフランス語で書かれた難解な現象学哲学を指すことになっています。ここに間違いの源があるのです。けれど、現象学はもともと心理学の方法として一世紀半前に誕生し、長い回り道の果てに今世紀に入ってようやく、心理学を始めとする人間諸科学の方法としての本道にかえりつつあるのです（現象学哲学の方は、虎が死して皮を残すように数多くの貴重な方法論を心理学・人間科学に遺《のこ》して、現象学の主役の座を去ってゆこうとしているのです）。

おまけに、そうやって本来の道に戻った現象学は、もっとも心理学らしい心理学だったのです。なにしろ、くりかえすように現象学とは元来が、自分自身の体験の世界を観察して記述し、体験の意味を明らかにする学問だからです。

本書では意味を明らかにすべき体験の実例として、第Ⅰ部では夢を、第Ⅱ部では「コミュ障」を取り上げています。

第Ⅰ部の第1章と第3章は「夢の物語論的現象学分析――手作りの科学としての夢研究をめざして」（『質的心理学研究』No. 20, 237-255, 2021）として、第Ⅱ部の第6章は「コミュ障（人づきあいが苦手）の批判的ナラティヴ現象学――インターネット上の相談事例に基づく当事者視点の研究」（『質的心理学研究』No. 18, 176-196, 2019）として、先に発表された研究を土台としました（もちろん本書の趣旨に応じて全面的に構成し直してあります）。これらの研究の実現にあたって、二つのグループに感謝の念を述べておかねばなりません。一つは、本書で再三引き合いに出したダレン・ラングドリッジ著『現象学的心理学への招待――理論から具体的技法まで』(新曜社 2016)の翻訳グループです。この翻訳作業を通じて、インターネット上の相談事例を当事者視点で現象学的に分析するという、それまでは思ってもみなかった方法論的地平がひらかれたのです。原著者ラングドリッジさんを始め、共訳者の田中彰吾氏(東海大学)と植田嘉好子氏(川崎医療福祉大学)には、心から御礼申し上げます。

もう一つは、「2017-2019年度科学研究費:基盤C(一般)課題番号17K02180「夢の現象学」」を交付された研究グループです。この共同研究に多様な分野からの人々に交じって参加しているうちに、現象学によって個々の夢を分析し意味を解釈するという、以前の著作(『夢の現象学・入門』など)の段階では不可能と思っていた方法論的地平がひらかれたのです。代表者である哲学の武内大氏(自治医科大学(現、立正大学))、精神医学の大塚公一郎氏、イスラム神秘主義研究の小野純一氏(共に自治医科大学)をはじめ、研究会に参加された多くの方々および立正大学哲学科の学生諸君に感謝します。

本書を執筆中に、たえず気にかかっていた二つの事件があります。一つは、2016年に起こった相模原障害者施設襲撃殺傷事件で、もう一つは2019年7月の京都アニメーション放火殺人事件です。前者は入所者の19名、後者では日本を代表するアニメーター36名という、類のない多数の犠牲者を出しました。

気にかかるというのは、第7章でも触れたように、今世紀半ばにはほとんどの仕事でAIが人間にとって代わり、対人ケアと創造性の分野だけが残されるという説を、よく見かけるからです(たとえば、Y・N・ハラリ『21 Lessons――21世紀の人類のための21の思考』柴田裕之 訳、河出書房新社 2019)。相模原の事件はケアの従事者の手で起こされました。京アニ事件の方は、本格的な解明はこれからですが、創作を手がけた犯人の、投稿小説を剽窃されたという妄想的な逆恨みが動機という、創造性の分野での挫折が元になっているフシがあるのです。

第6章でも自死した臨床心理士の例をあげましたが、いったい、対人ケア・支援職の領域では、向き不向きを早期に見極める必要があるのではないでしょうか。被害が本人だけでなく弱い立場の人々に波及しやすいだけに。創作の方はといえば、これは一握りの華やかな成功者と大多数の挫折者の間の落差が、とてつもなく大きな世界です。そもそも出版社やアニメ会社の目に留まってのメディアミックス化などというルートに乗るためには、才能や努力だけでなく、理性では測りがたい運というものがものを言うのです。

その点、同じ創造性の分野でも、研究は地道な努力がある程度は実を結ぶ分野です。もちろん他の分野と同じくコミュ力や人脈形成力も重要です。けれど、それもあくまで「ある程度は」です。その証拠に、コミュ力人脈形成力ともCランクの私でも、なんとか研究者の末席にしがみついていられたのですから。そして本書での、明日からネットで現象学の勉強どころか研究を始めてしまおうという構想は、研究の世界でもコミュ力人脈形成力で差がついてしまうという不条理を、少しでも埋め合わせようという試みでもあるのです(ただし、研究は経歴や所属先もある程度ものを言う世界ですから、将来を見据えて何らかの研究キャリアを作っておくことにしくはないでしょう。その点、今は社会人大学院制度も整備されてきているし、放送大学の大学院という手もあります)。

最後になりましたが、本書の夢事例の引用元となったブログのURLを記しておきます。

http://fantastiquelabo.cocolog-nifty.com/（夢日記・思索幻想日記）

ブログのコメント欄では、本書への感想や質問なども受け付けています。

また、「こころの科学とエピステモロジー」https://sites.google.com/site/epistemologymindscience/という電子ジャーナルも研究会（心の科学の基礎論研究会）を母体として発行していて、今年で3号を数え、J-Stage搭載も始まりました（J-Stageは学術成果のネット公開を促進するための国策サイトみたいなもの)。現象学に特化した研究誌というわけではないのですが、「投稿規定」や既存記事を読んだ上で、趣旨にかなうと思われる論文・記事が書けたら投稿してください。さすがに原著論文は査読者が付くのでハードルが高いのですが、書評や映像メディア時評のような投稿しやすい分野も用意してあるし、アニメ論を通じての死生観の探求などにも力を入れています。

新曜社の塩浦暲氏には今回も大変お世話になりました。30年以上もまえに突然お手紙をいただいて東京駅近の喫茶店でお会いした時のことが、昨日のことのように思い出されます。

COVID－19パンデミックの中、ポーの『赤死病の仮面』さながらと化した世界で、ネットによる棲み分けの有難さに感謝しつつ。

2021年4月

渡辺 恒夫

註

【第Ⅰ部】

［1］フロイト（S. Freud, 1856-1939）はご存じの精神分析の創始者。代表作は1900年に出版の「夢解釈」（『夢解釈Ⅰ・Ⅱ』新宮一成他 訳（フロイト全集4、5）岩波書店 2007-2011）。ユング（C. G. Jung, 1875-1960）はフロイトに学んで分析心理学を創始し、深層心理学の第一人者といわれた。夢関連論文集に『ユング夢分析論』（横山博 監訳、大塚紳一郎 訳、みすず書房 2016）。

［2］Thalheimer, W. (2010) *How much do people forget?* Work-Learning Research, Inc., Somerville MA. 参照。

［3］ウスラー『世界としての夢――夢の存在論と現象学』（谷徹 訳、法政大出版局 1990）。デトレフ・フォン・ウスラーはスイスの心理学者。定年退職してから自分の膨大な夢日記データを、前述のカリフォルニア大サンタクルーズ校のドリームバンクに寄贈しているとのことである。

［4］ちなみに哲学としての現象学入門書、『現代現象学』（植村玄輝他、新曜社 2017）の冒頭にはこうある。「現象学は、私たちの経験の探究です。… 現象学は、経験を通じて世界を理解し、それと同時に世界を理解する私たち自身をも理解します。」（p.2）

［5］『現代現象学』では志向性を、経験はつねに … についての経験という構造を備えると定義している(p.72)。哲学としての現象学ならそれでいいのだが、心理学にとってはこれでは抽象的すぎる。「… について」経験するなら必ず、「… として」経験するはずである。たとえば昨日の試験について意識経験するなら必ず、「昨日」という過去として、もしくは心配の対象として、意識経験をするというように。

［6］本章での説明では、【夢事例2】は、夢世界の原理①の「例証」であっても、夢世界の原理①がどのような方法で得られたかを教えるものにはなっていない。【夢事例2】から夢世界の原理①を導出する現象学的に厳密な方法については、第7章7－2（4）「現象学的分析段階進行表による『夢世界の原理』の導出」の項で説明される。

［7］ブレンターノの主著は『経験的立場からの心理学』というタイトルである。つまり志向性の説はもともと、心理学の根本原理として構想されたと言える。ちなみに１８７４年は、科学的心理学の祖とされるヴント（Wilhelm M. Wundt, 1832-1920）の主著、『生理学的心理学要綱』が出版された年でもある。詳しくは第4章参照。

［8］向現前化（Appräsentation）は、フッサールが他者経験の問題に本格的に取り組んだ『デカルト的省察』に出てくる用語。邦訳を見ると、「付帯現前」「間接現前」「共現前」といった訳が用いられているが、どれも適切ではない。この訳の真意については、第5章で説明する。なお、表２－１で、「思い浮かべる」の独語Vergegenwärtigungを「準現前化」と訳しているが、これは従来「準現在化」と訳されて来たもの。日本語として分かりにくいので本書では「準現前化」とした。

［9］１９０５～０６年の講義「想像と画像意識」で、フッサールはこのことを初めて詳しく述べた（Husserl, E. (1980). Phantasie unt Bildbewusstsein. In E. Marbach (Ed.), *Husserliana XXIII*. The Hague: Martinus Nijhoff）。私はこの講義録こそ現象学の歴史のなかで最重要の著作と思っているが、残念ながら本邦未訳である（英語版では完訳があるが）。

［10］メタファーは比喩の一種で、暗黙の比喩のこと。暗喩と訳される。「責任が重い」は、比喩的表現だとすぐには分からないから暗喩というわけである。「汗を滝のように流す」といった、比喩であることが明示されている表現は「直喩」と言う。他に、大統領府が「ホワイトハウス」というその所在の建物の俗称で示されるといった「換喩」、「手が足りない」というときの「手」が「働き手」を、つまり部分や下位概念が上位概念をあらわすといった「提喩」、などの種類がある。

［11］Lakoff, G. (1993) How metaphor structures dreams: The theory of conceptual metaphor applied to dream analysis. *Dreaming*, 3, 77-98; Lakoff, G. (1997) How unconscious metaphorical thought shapes dreams. In D. J. Stein (Ed.), *Cognitive Science and the Unconscious* (pp. 89-119). Washington DC: American Psychiatric Press.

［12］機械的に日付順に分析したのは、分析に都合のよい夢ばかりを分析しているのではないかという、「サンプリングの恣意性」の批判をかわすためである。けれども現象学的分析は、どんな順序ではじめても同じ結果になるはずなので、初心者のばあい分析しやすい夢からはじめても一向にかまわない。

［13］主観的体験が脳の生み出す仮想現実だという説はよく聞くが、ことばによって構成された社会的構築物にすぎないという説も、ひところ人文科学系の学問で、ポストモダン的潮流の一部として流行したことがある。鈴木聡志『会話分析・

ディスコース分析』（新曜社 2007）、バー『社会的構築主義への招待』（田中一彦 訳、川島書店 1997）など参照。

［14］ちなみに志向性の重要性についてはフッサールもこう述べている。「現象学全体を包括する問題の名称は、志向性と言い表される」（『イデーンⅠ－Ⅱ』渡辺二郎 訳、みすず書房 1984, p.312）。

［15］サール（John Searle, 1932- ）。現代の「心の哲学」を代表するアメリカの哲学者。思考実験「中国語の部屋」は、人工知能が心を持たないことの証明の企てとして有名。最近作に『Ｍｉｎｄ――心の哲学』（山本貴光・吉川浩満 訳、ちくま学芸文庫 2018）。ちなみに二十世紀の哲学は、ドイツフランスなどヨーロッパ大陸を中心とした現象学と、英米を中心とした分析哲学に分かれて発展して、相互に没交渉だったが、今世紀に入ってから相互交流が進められているという。

［16］自然科学が世界のあらゆることを説明できるようになるという自然科学万能の世界観にとっては、志向性の存在は都合が悪い。だから志向性を自然科学のことばで説明しようという、志向性の自然化という問題領域が科学哲学にあるが、今のところ成功していないようである。デネット「志向姿勢――その理論と実際」（バーン＆ホワイトゥン 編／藤田和生他監訳『マキャベリ的知性と心の理論の進化論』（pp.202-231）ナカニシヤ出版 2004）を参照のこと。

【第Ⅱ部】

［1］それにしても「世界内存在」とは誤解を招く表現である。ハイデガーの真意は、事物が世界という容器の中の他の事物の間の一つとしてあるというあり方とは違って、私たちは世界に対して態度を取りながら存在する、というあり方を表現するはずのものだったのだから。ところが原語のドイツ語ではIn-der-Welt-Sein, 英訳でもIn-the-world-beingと、ともに「世界－内」としか訳しようのない前置詞、"in"が用いられている（der Welt＝the world, Sein＝being）。その点、メルロ＝ポンティは、être-au-mondeと的確に仏訳している。être＝存在、monde＝世界、auは「における・に対する・に関わる」という意味の前置詞à＋定冠詞leの縮約形で、au mondeは正確に「世界における・に対する・に関わる」という意味になるのだから。木田元『現象学』（岩波新書 1970）も参照。

［2］ナチズムの正式名称は国民社会主義（Nationale Sozialismus）。従来は国家社会主義の訳語が用いられていたが、最近の研究の進展によって国民社会主義という訳が一般化しつつある。ちなみにナチスの正式名称は、国民社会主義ドイツ労

働者党（Nationalsozialistische Deutsche Arbeiterpartei）となる。

［3］ちなみにサルトルの他者論は発達心理学研究にとっても意義があると思われる。柴田健志（2021）「サルトル他者論から現代発達研究へ至る道」（『こころの科学とエピステモロジー』Vol.3, 58-64. https://sites.google.com/site/epistemologymindscience/issues/issue3）を参照。

［4］リップス『心理学原論』（大脇義一訳、岩波文庫 1934, pp.94-98）参照。

［5］リップスの運動的模倣の説は、近年のミラーニューロンをめぐる議論の中で、期せずして再評価を受けることになった。ミラーニューロンは、最初、アカゲザルで発見されたニューロンで、あるサルが他のサルの物をつかむ動作を見せられると、自分で物をつかんだ時に活動するニューロンと同じニューロンが同じように活動する。この発見はほどなく、人間にも拡張されるにいたった。他人が笑うのを見ただけで、自分で笑った時と同じ脳の領域が同じように活性化することが、最新の脳画像を用いた実験で明らかにされつつある。ミラーニューロンの有力研究者、マルコ・イアコボーニは次のように述べている――「二十世紀初頭のドイツの心理学者テオドール・リップスによる感情移入についての画期的な研究が、今にして思えばミラーニューロンに割り当てられる役割をずばりと言い当てているではないか。…リップスの説明は、私たちがものをつかむ時にも、そして誰かがものをつかむのを見ている時にも同じように発火する、ミラーニューロンの示す活動パターンを不気味なほど予言したものになっている。」（『ミラーニューロンの発見』塩原通緒訳、早川書房 2011, pp.138-139）

［6］ここで向現前化と訳したAppräsentationは、Ad（に向かって）＋Präsentationの意であり、『現象学事典』（木田元他、弘文堂 1994）では「付帯現前化」（pp.138-139）と訳されているほか、『デカルト的省察』の船橋訳（1970）では「間接呈示」、浜渦訳（2001）では「共現前」と、訳語が一定していない。本書で「向現前化」と訳した理由は、その方が日本語の語感として、他者の実在を確信して現前化に向かいながらも決して現前しないという、もどかしさが伝わると思うからである。

［7］独我論的体験とは聞きなれない語であるが、次のような例をあげておく。「(理科系大学二年／男子)…昔思ったことのあることですが、多分心理学的な事だと思うので書かせて下さい。いつだったかは忘れましたが、本当に人が存在するのかという事です。自分は認識できるので存在はしているのですが、他人は外見しか見る事ができないのだから、自分と

同じようなのか中身は空なのかわからなくなったのです。結局出した仮定は、自分以外の物事は全て自分のために存在しているのではないかというものでした。周りの人には自分勝手で自己中心的な考えだと言われましたが、人がいて自分がいるという考え方は、常識ですが誰も絶対に知ることはできないで納得してしまっている事です。今の自分も結局「納得」してしまっている訳ですが…というより、どんな答えをもってしても「理解」する事はできないので、「納得」するしか仕方なかったのです。ひさしぶりに思い出したので書いてみましたが、あまりうまく書けなかったようです。」（拙著『フッサール心理学宣言』講談社 2013, pp.21-22）。ここにあるのは、子どものころに他者の実在への確信がひび割れ、割れ目を抱えたまま世の片隅に生きている姿である。このような「独我論的体験」は、大学生への調査では何らかのかたちで6％で回想の報告が見られた。

［8］この章で引用したインターネット記事のURLは註［25］にまとめて記載した。

［9］付け加えれば、他意識過剰とは、単に他人の目に敏感であり過ぎる、というだけではない。自分で内側から感じる自分自身よりも、他人の目に映る自分の姿の方が、「ほんとうの自分」として感じられてしまっているのである。このあたり、第5章で紹介したフランスの現象学者サルトルが、詩人ジャン・ジュネの評伝『聖ジュネ』（巻末「読書案内」〈4〉頁）で詳しく論じている。

［10］ＳＴＡＰ細胞捏造事件。理化学研究所を舞台に２０１４年に起こった研究不正事件。首謀者とされる小保方晴子研究員が博士号をはく奪される結果となった（須田桃子『捏造の科学者』文春文庫 2018）。

［11］検索とデータ抽出のくわしい方法については、拙論「コミュ障（人づきあいが苦手）の批判的ナラティヴ現象学――インターネット上の相談事例に基づく当事者視点の研究」（『質的心理学研究』No.18, pp.176-196, 2019）を参照。なお、「コミュ障」よりも「人づきあいが苦手」で検索した方が、相談にも回答にもアカウント登録を必要とするサイト事例がヒットしやすいことが分かったので、以後は原則として「人づきあいが苦手」を検索語に用いることにした。書き込みにアカウント登録の必要のない完全フリーサイトは、冷やかし、荒らしなど不真面目なレスが多くなってしまい、「研究」向きとは言えない。

［12］ラングドリッジ（『現象学的心理学への招待』）によると、臨床のような場面で発せられるナラティヴはリクールの

解釈学では次のように分類されるという。まず、他者の抱えた問題を素朴に追体験する「意味追想の解釈学」と、何らか異なる視点を採ることによって解決への糸口を見いだそうとする「懐疑の解釈学」に分けられる。後者はさらに「深層の解釈学」と「想像的解釈学」に分かたれる。深層の解釈学では、問題の根は精神分析やマルクス主義的社会理論で言うような、「無意識」や「資本主義的生産様式」といった、当人の意識の及ばぬところにあることになり、意識体験の意味を本人よりも精神分析家や社会科学者の方がよく知っているという、おかしなことになってしまう。本書では、このいわば「他者の深層を上から目線で語る」ようなナラティブを、「垂直的ナラティブ」と名づけたのである。

［13］数年前、『こころの科学』という雑誌で、ある精神科医の方が、興味深い臨床経験を語っているのを読んだことがある。「前頭葉の血流が不足しているんです」と訴える患者さんに出会ったというのである。「それは気分が重いとか、頭が働かない、といった感じなのですか」と問い返しても、前頭葉の血流不足をくりかえすだけだと言う。いろいろ問診してみても体感異常（セネストパチー）といった病理的症状とも言えないようだから、いわゆるお茶の間脳科学の影響か知らないがこのような「実感」を語る人々が現れているのだろう、というのであった。

［14］2013年の障害者雇用促進法改正によって、従業員50人以上の民間企業では2・0％、国・地方公共団体では2・3％の割合で障害者を雇用することが義務付けられた。これがさらに2018年度からは、民間企業の障害者雇用率が2・2％に引き上げられるとともに、これまで雇用率の対象になっていなかった「精神障害者」が、従来からの「身体障害者」「知的障害者」に加わることになった（この法律では「発達障害者」は「精神障害者」に含まれる）。つまり、増分の0・2％がほぼそっくり、発達障害を含む精神障害者雇用に、事実上充てられることになったのである。

［15］バロン＝コーエン『自閉症とマインド・ブラインドネス』（長野敬・長畑正道・今野義孝 訳、青土社 2002）。認知科学・発達心理学では、他者の心を読むことを、私たちの脳神経系に備わった「心の理論」の働きとみなすことが流行している。他者の、たとえば窓を開けるという可視的な行為から不可視の内面（涼しさを求める欲求＋窓を開ければ涼しくなるという信念）を推測することを、理論的行為に見立てたのである。バロン＝コーエンらは、「心の理論」は健常児群では4～5歳で完成するのに、自閉症児の群では遅れることから、自閉症における共感性・社会性の乏しさという症状の根源に、心の理論の機能不全があるという、マインドブラインドネス仮説を提唱した。

［16］アメリカでの疫学調査では12ヶ月以内の有病率が6・8％に上るという。Kessler, R. C., Chiu, W. T., Demler, O., & Walters, E. E. (2005). Prevalence, severity, and comorbidity of 12-month DSM-IV disorders in the national comorbidity survey replication. *Archives of General Psychiatry, 62*(6), 617.

［17］長谷川雅雄「『軽症対人恐怖』とその心理的援助」アカデミア 人文・社会科学編：*journal of the Nanzan Academic Society*, No. 55, 101-145, 1992.

［18］「あなたは内気なのではない、病気なのです」というキャッチフレーズ（レーン『乱造される心の病』寺西のぶ子 訳、河出書房新社 2009, pp.156-157）に象徴される医療化の問題に関しては、以下の翻訳書をあげておく。モイニハン＆カッセルズ『怖くて飲めない！――薬を売るために病気はつくられる』（古川奈々子 訳、ヴィレッジブックス 2008）、ヒーリー『抗うつ薬の功罪――SSRI論争と訴訟』（田島治 監修・谷垣暁美 訳、みすず書房 2005）、ウィタカー『心の病の「流行」と精神科治療薬の真実』（小野善郎 監訳、福村出版 2012）、ウォッターズ『クレイジー・ライク・アメリカ――心の病はいかに輸出されたか』阿部宏美 訳、紀伊國屋書店 2013）、パリス『現代精神医学を迷路に追い込んだ過剰診断――人生のあらゆる不幸に診断名をつけるDSMの罪』（村上雅昭 訳、星和書店 2017）。さらにその背景として、アメリカ社会において人格評価の基準が二十世紀初頭以来、「徳」から「社交性」へと劇的に変わったことについての研究もある（Elliott, C. *Better than well: American medicine meets the American dream.* NY & London: W. W. Norton, 2003）。

［19］ただし、本章がデータソースにしているネット相談事例は、実際に研究を行ったのが五年以上前だったこともあり、当時サンプリングした事例にはまだ、そのような波の影響はあまり及んでいなかったものと思われる。ちなみに現在進行中の事例を研究対象にすることは（たとえ匿名化されていても）倫理的に問題があり、本書でも取り上げたのは過去の事例に限ったのだった。

［20］『質的心理学研究No.18』の論文「コミュ障（人づきあいが苦手）の批判的ナラティヴ現象学」では、相談事例を四事例抽出して考察しているが、ここでは三事例しかとりあげることができなかった。

［21］『質的心理学研究』論文の執筆過程で意見を寄せてくれた男子大学院生によると、男性事例は大手掲示板「2ちゃんねる」（現在の名称は「5ちゃんねる」）ならレスが多いだろうということであるが、この掲示板に多い冷やかし等の不適切

なレスにどう対処するか等の方法論的問題が生じるため、将来の課題とするほかなかった。

［22］河合博「解説」森田正馬『神経質の本態と療法――精神生活の開眼』（pp.223-275. 白揚社 1960）

［23］大人の発達障害に対して精神科医が障害者手帳を取得しての就労を奨める例として、「障害者雇用だと…職場で障害者をいじめたりしたらそれは大変なことなので、露骨にいじめられることはないと思います」（村上伸治「自分は発達障害ではないかと疑う人たちへ」『こころの科学』No.171, 63-69, 2013, p.68）という提言があるが、これに違和感を覚えないだろうか。障害者でないならいじめられても仕方ないと言っているように聞こえるし、障害者認定志望者を増やして医療化を促進することになりかねない。

［24］ユング派の臨床家によって提起されたポップサイコロジー的概念であるＨＳＰ（Highly Sensitive Person）にも目を向けておきたいものである。「敏感な神経を持つのは人間の正常な特徴のひとつです。この特徴は全人口の15～20パーセントもの人に見られます。あなたは、周囲に起こっている微妙なことを感じ取るという、多くの場合長所といえる特徴をもっているのです。けれどもその特徴は同時に…普通の人よりも疲れやすく、動揺しやすいというふうにも顕れてしまいます」（アーロン『ささいなことにもすぐに「動揺」してしまうあなたへ。』冨田香里 訳、ＳＢクリエイティブ 2008（原著1996）p.4）。特に対人刺激が最適域を超えると、容易に対人回避を招いてしまう。「私たちの社会では、この特徴を持っていることはあまり良いことだとは思われていません」（同上 p.5）。ＨＳＰについて日本では一般向き書籍がこの数年で現れているが（長沼睦雄『気にしすぎ人間へ――クヨクヨすることが成長のもとになる』青春出版社 2015／髙橋敦『「敏感」にもほどがある』きこ書房 2017／武田由紀『「繊細さん」の本――「気がつきすぎて疲れる」が驚くほどなくなる』飛鳥新社 2018）、医学系臨床心理系の研究課題に載せられるには至っていない。精神科医による最近の啓蒙書によると（岡田尊司『過敏で傷つきやすい人たち――ＨＳＰの真実と克服への道』幻冬舎新書 2017）、ＨＳＰには、生来的な感覚過敏と、叩かれて育ったゆえか過保護ゆえかの対人過敏、といった異質の過敏さがごっちゃになっており、それが精神医学・臨床心理学に相手にされてこなかった原因だとして、ＨＳＰを幾つかに分類・分析することによる研究治療の促進を提案している。

とはいえ、研究治療のルートに乗せること自体に、その一部に「回避性パーソナリティ障害」「社交不安症」といった診断名を付ける結果になる等の医療化への陥穽があるのではないだろうか。むしろ、敏感さを「人間の正常な特徴のひとつ」

（アーロン 2008, p.4）とした提唱者の構想を生かすならば、本章での、特に事例2、3の場合など、治療とは一線を画した就職相談（大学でのキャリアカウンセリングやハローワークでの相談）のような場においてこそ、対人過敏・回避的なコミュ障をテーマ化できるのではないだろうか（著者の見聞では大学のキャリア相談は、企業サイドの要請に沿ったコミュニケーション力アップ一点張りの傾向が強いが）。

［25］第6章で引用されたネット記事のURLを一括してあげておく（出現順）。

ニコニコ大百科（仮）（2016，7月3日）コミュ障 http://dic.nicovideo.jp/a/コミュ障

MIRROЯZ (2016) 本当にコミュ障なのかテストしてみよう！コミュニケーション能力テスト http://mirrorz.jp/article/communication-test/

YOMIURI ONLINE（読売新聞）発言小町（心とからだの悩み）(2014，9月27日）人付き合いが苦手で人生が苦痛です http://komachi.yomiuri.co.jp/t/2014/0927/682062.htm?o=0

教えて！goo（就職・転職）(2005，7月7日）人間関係の苦手な私にどんな職が適しているでしょうか？ http://oshiete.goo.ne.jp/qa/1497148.html

Yahoo! 知恵袋（生き方、人生相談）(2010，10月10日）何度も職場で孤立してしまいます。人付き合い ･･･ https://detail.chiebukuro.yahoo.co.jp/qa/question_detail/q1348697088

［26］ドイツ語のVerstehen（英訳understanding）は、精神医学では長らく「了解」と訳されてきたが、社会学や科学哲学では「理解」という訳が一般的になってきている。ちなみに「説明」のドイツ語はErklären（英訳explanation）。

［27］多元主義と折衷主義の違いは、方法論的自覚の有無にあろう。患者さんの心象風景をくわしく語ってもらうことで当人にとってどんな体験がストレスとなっているのかを突き止めるのが現象学的方法であり、なぜそれがストレスになるのかを生活歴に遡って理解して心理的な治療法を提案するのが了解的方法であり、同じようなストレスでも発病にいたらない人も多いことから、この人特有の生物学的脆弱性として「扁桃体の過剰活動」といった脳神経過程を想定し、脳画像法による診断や薬物療法をこころみるのが説明的方法、ということになるが、そこを心理－社会－生物的アプローチなどといってごまかさずに、方法の違いを自覚して用いることが多元主義ということになるだろう。

[28] ジオルジの方法では取り出すべき体験の意味（＝観取すべき本質）が予め分からないのに対し、シェフィールド学派では、発見的手法（ヒューリスティク）として、晩期フッサール（『ヨーロッパ諸学の危機と超越論的現象学』細谷恒夫・木田元 訳、中公文庫 1995）の生活世界論から生活世界の七つの条件（自己性、社会性、身体性、時間性、空間性、企図、言語）を、「人間的経験に基本的な本質的構造」（Ashworth 2003, p.146）とみなして抽出して分析に用いる。たとえば重大な疾患の診断を受けた人の生活世界が、以前と比べどのように変容したかを、七つの条件（＝主題）ごとに本人の自己記述を分析して明確にするのである（Ashworth & Ashworth, 2003; Finlay, 2003 等）。シェフィールド学派関連の文献については、くわしくは拙論「コミュ障（人づきあいが苦手）の批判的ナラティヴ現象学」（『質的心理学研究 No.18』）の引用文献表を参照のこと。

読書案内

本書の後に読むのに適当な本を紹介する。ゴシック体は特にお薦めなもの。

全般的なもの

- ダレン・ラングドリッジ『**現象学的心理学への招待 ―― 理論から具体的技法まで**』(田中彰吾・渡辺恒夫・植田嘉好子 訳, 新曜社, 2016)

  現象学によって心理学を研究したい人のために英国の臨床心理学者が書いた本。本書でも各所で参考にさせてもらっている。特に、現象学的心理学の発展を歴史的に概観しつつ、代表的な研究を囲み記事で紹介し、データ分析の技法を具体的に例解して研究指導をしてくれているのはありがたい。難を言えば網羅的になりすぎて大部になっていること。6章「事象そのものへの接近 ―― 記述的現象学」と7章「解釈と意味 ―― ＩＰＡ、解釈学的現象学、鋳型分析」を中心に、必要に応じて読みたいところから読んでいく、という読み方でよいと思われる。人間科学系で現象学・質的研究で卒論、修論を書こうという人にとって必読のマニュアル。

夢の物語論的現象学的分析（第１章・第３章）に関するもの

- フロイト, S.『夢解釈Ⅰ・Ⅱ』(新宮一成他 訳 (『フロイト全集』4, 5) 岩波書店, 2007-2011)

  他にこの、1900年が初版の夢の精神分析の古典の訳では、『**夢判断 上・下**』(高橋義孝 訳, 新潮文庫, 1969) が昔から読まれていて初心者には親しみやすい。

- ユング, G. C.『**ユング夢分析論**』(横山博 監訳／大塚紳一郎 訳, みすず書房, 2016)

  1909年から61年にまたがるユングのえり抜きの夢関連論文がこれ一冊で読める。

夢の現象学関連で邦訳のあるものを初版年順にあげると ――

- ビンスヴァンガー, L.『夢と実存（新装版）』(荻野恒一・中村昇・小須田健 訳, みすず書房, 2001) (初版1930)

フロイト門下の精神分析医であり、現象学的精神医学の開拓者となった著者による夢の現象学の最初の試み。仏訳者フーコーの長文の序論は難解なので後回しがよい。

- サルトル，J. P.『想像力の問題 ── 想像力の現象学的心理学』(平井啓之 訳，人文書院，1955)(初版1940)

若きサルトルの手になる現象学的な想像世界の探求。訳も的確で読みやすい。夢についても1章をあてている。つい最近、新訳も出た(『**イマジネール：想像力の現象学的心理学**』澤田直・水野浩二 訳，講談社学術文庫，2020)

- メダルト・ボス『夢 ── その現存在分析』(三好郁男・笠原嘉・藤縄昭 訳，みすず書房，1970)(初版1953)

ハイデガーに深く学んだ精神分析医による豊富な夢事例の分析。

- ロジェ・カイヨワ『夢の現象学』(金井裕 訳，思潮社，1986)(初版1956)

フランスの著名な社会学者による文学的香気あふれるエッセイ。

- ウスラー，D.『**世界としての夢 ── 夢の存在論と現象学**』(谷徹 訳，法政大学出版局，1990)(初版1964)

スイスの心理学者による現象学的夢研究の大著。私はこの本から夢を現実世界と対等の「世界」として見るという現象学的態度を学んだが、初心者には部厚すぎるかもしれない。

これらはいずれも、鋭い洞察をちりばめ該博な知識に裏づけられ、古典というにふさわしい書物だが、ハイデガーの実存哲学の影響で哲学的になりすぎているものが多く、それにどれも個性が強すぎて一代限りになってしまっている。そこでフッサール現象学の原点に還り、だれでもが継承発展可能な夢研究の方法論を編み出そうと書いたのが、

- 渡辺恒夫『**夢の現象学・入門**』(講談社選書メチエ，2016)

本書と同じくらい読みやすく書かれているので、一読を勧める。個々の夢の意味を解明する方法にはまだ至っていないが、夢研究と他者問題との関係など、本書にない考察を掘り下げている。

- レイコフ，G. & ジョンソン，M.『レトリックと人生』(渡部昇一・楠瀬淳三・下谷和幸 訳，大修館書店，1986)

夢世界の原理④のネタ本。読みやすく面白い。

現象学の入門篇（第２章・第４章）に関するもの

• 島崎敏樹『**心で見る世界**』(岩波同時代ライブラリー，1994)

現象学のジャーゴン（専門用語）は一切出てこないのに、現象学的に世界を経験する仕方が自ずと身に着く得難い本。著者は日本における現象学的精神医学の草分けで、ところどころに鏤められる症例の考察が本書を奥行きの深いものにしている。初版は1959年に岩波新書で出ていて、私も高校生の頃に読んで感銘を受けた。いまだに現象学の最良の入門書であり続けている。

哲学者の手によって書かれた現象学入門書の一押しは――

• 谷徹『**これが現象学だ**』(講談社現代新書，2002)

同じ著者の『**意識の自然――現象学の可能性を拓く**』(勁草書房，1998）は分厚くて初学者には手ごわく感じるが、平明な語り口でブレンターノからレヴィナスまでの現象学哲学の流れを詳しく展望しているのがありがたい。本書でのフッサール志向性分類表作成に、唯一参考になったのもこの本。

• フッサールを読んでみたいという人には、小著の『ブリタニカ草稿』(谷徹 訳，ちくま学芸文庫，2004）を薦めることもあったが、大学院の授業で使ってみて難しいと分かった。この本の「訳者解説」が、『これが現象学だ』の次に読むべき最良のフッサール入門であることは疑えないのだが。

• デカルト『**省察**』(山田弘明 訳，ちくま学芸文庫，2006)

フッサールを読む前に読んでおきたい本。いっさいを疑う方法的懐疑を実践して陥る不安と混乱を七夜に分けて小説風に描き出していて、読みやすく面白い。

• フッサール『デカルト的省察』

フッサールの主要作の中では元が講演原稿だけあって読みやすく、しかも他者問題を正面から扱っている唯一の書として現代人に訴えるものがある。浜渦辰二訳（岩波文庫，2001）と，船橋弘訳（中公クラシックス，2015，初版 1970）があり、共に訳も読みやすいが、両訳とも訳語に課題を残している。

• 渡辺恒夫『フッサール心理学宣言――他者の自明性がひび割れる時代に』(講談社，2013)

第4章（現象学超入門）が「日本一やさしいフッサール入門」と銘打たれていて、しかも他者問題中心に構成されている。ジオルジ（後出）にならってフッサール現象学の心理学的技法化が試みられているのも、参考になるかも

しれない。

追加として、社会学出身の哲学者、西研『哲学的思考――フッサール現象学の核心』（ちくま学芸文庫、2005）が、現象学哲学から心理学への展開にとって示唆するところがあり、あげておきたい（西の新著『哲学は対話する――プラトン、フッサールの〈共通了解をつくる方法〉』（筑摩選書，2019）は進歩どころか退歩が見られるので勧めない）。

現代へ向かう現象学の展開（第5章）に関するもの

- この章に登場するハイデガー、サルトル、メルロ＝ポンティ、ガダマー、リクールについては多くの入門書・解説書が出ているが、心理学研究に役立てようという姿勢で書かれてはいないので推薦できない。むしろすでに紹介したラングドリッジ『現象学的心理学への招待――理論から具体的技法まで』の第3章（実存主義と現象学）と第4章（解釈学的転回）が役に立つ。他に、コイファー，S. & チェメロ，A.**『現象学入門――新しい心の科学と哲学のために』**（田中彰吾・宮原克典 訳，勁草書房，2018）が参考になる。これらを読んだら、本書中で紹介した原典に、翻訳でもいいから取り組んで欲しい。特にサルトルは小説家でもあり、代表作『嘔吐』（白井浩司 訳，人文書院，1994）を始め、文章も（翻訳も）すばらしいものが多い。一押しは**『聖ジュネ 上・下』**（白井浩司・平井啓之 訳，新潮文庫，1971）だ。孤児院出身で、泥棒と男娼稼業をへて詩人になったジャン・ジュネの作品と内面世界の発展を、実存的精神分析という人間理解の方法で分析したもの。LGBTなどマイノリティーの現象学的研究の先駆としても、もっと読まれていい魅力的な本だ。メルロ＝ポンティでは本文にあげた**『幼児の対人関係』**（木田元・滝浦静雄 訳，みすず書房，2001）が入門として最適だ。主著**『知覚の現象学』**（中島盛夫 訳，法政大学出版局，2015）は大部だが心理学・神経病理学の事例が豊富で、初学者でも興味深く読める。もう一つの訳である『知覚の現象学1』（竹内芳郎・小木貞孝 訳，みすず書房，1967）には、"cendrier"（灰皿）を「カレンダー」（p.172）と訳すなど初歩的な誤訳があって勧められない。

- 第5章中の「(3) 付論――他者問題とは何か」については、渡辺恒夫**『他者問題で解く心の科学史』**（北大路書房，2014）の「付章　だれでも分かる！ 他者問題超入門」が分かりやすい。というか、他者問題について分かりやすく書いた本が皆無なのにあきれて、自分で書いてみたというのが本当のところだ。

• 現象学を現代哲学全般の中に位置づけて学びたい人のためには、植村玄輝・八重樫徹・吉川孝 編『現代現象学 —— 経験から始める哲学入門』(新曜社, 2017) を薦めておく。

第6章（コミュ障の当事者研究）

• 本文でも書いたが、「コミュ障」の意味が、本書やネット世界でと、医療・教育・マスメディアなどオモテ世界では食い違っているので注意を要する。自称専門家による読んではいけないコミュ障本は本文にあげておいたが、著名人による孤独本も読む価値がない。一例をあげると、森博嗣『孤独の価値』(幻冬舎新書, 2014) にはこんなことが書いてある。

「··· 孤独から、協調への移行は簡単だ。周囲の人に合わせるだけである。孤独が嫌になったら、街へ出ていけば良い。ちょっと話を合わせて笑顔で対応していれば、すぐに仲間もできる。みんな基本的につながりたいと思っている人ばかりだから、必ず手を差し伸べてくれるだろう」(あとがき)。

これだけでもこの著者が孤独の苦しみなど縁もゆかりもない人だということが分かる。孤独に苦しみ、孤独の価値とあるタイトルに引かれて手に取るような人は、そもそも①「周囲の人に合わせる」ことなどできない（最初は何とかごまかせてもだんだん正体がバレてくる)。②「話を合わせて笑顔で対応」するなんてこともできない（最初は必死で笑顔を作っても、だんだん不自然さがバレてきて敬遠されるようになる)。③「基本的につながりたいと思ってい」ても、誰も手を差し伸べてくれない（最初は差し伸べてくれるが、だんだん正体がバレてきて、相手にしてくれなくなる)。

この著者は、こんなことも分からないコミュ強なのだから。

• 対人恐怖・社交不安障害・回避性パーソナリティについては、本文にあげたものの他、アンドレ, K.＆レジュロン, P.『**他人がこわい —— あがり症・内気・社会恐怖の心理学**』(高野優他 訳, 紀伊國屋書店, 2007) を、専門家本の白眉としてあげておく。著者はフランスの精神科医。文芸作品からの豊富な引用がありがたい。日本なら江戸川乱歩の「蟲」(『江戸川乱歩傑作選　蟲』(文春文庫, 2016 所収) をあげたいところだ。

• 本書でのコミュ障と重なるところのあるHSPについては、マンガだが高橋敦『**「敏感」にもほどがある**』(きこ書房, 2017) をあげておく。中年男性の作だ

というところに意味がある。HSP論の元祖、アーロンの名著『**ささいなことにもすぐに「動揺」してしまうあなたへ。**』の文庫新装版（富田香里 訳，SB文庫，2008）が、ピンクピンクした女性向き装幀に変えられてしまっているから。アーロンのこの本でも、HSPが男性にはいないなどというのは偏見に過ぎず、「男の子も女の子と同じ割合で敏感に生まれつくのだが、一般に男性はこの特徴を持っていないとされている。この誤解は両性にとって大きなツケとなる」(p.12）と強調してあるのに、流通ルートで偏見の片棒をかつぐ商品に変えられてしまう恐ろしさ。表現者の一人として（そして読者もいずれ表現者になるだろうから）心しなければならないことだ。日本の精神科医本では岡田尊司『過敏で傷つきやすい人たち ―― HSPの真実と克服への道』(幻冬舎新書，2017）が面白いが、著者が騒音が苦手で何度も引っ越したという話を読むと、コミュ障との異質性が際立つ。

• 当事者研究では、その発祥である『**べてるの家の「当事者研究」**』(浦河べてるの家，医学書院，2005）をまず読むのがいい。最近はいろいろな本が出ていて一見賑やかだが、現象学的当事者研究ではまだめぼしいものが現れていない。

第７章（現象学の過去から未来へ）

• 現象学的精神医学については、木村敏『**異常の構造**』(講談社現代新書，1973)、『自覚の精神病理 ―― 自分ということ』(紀伊國屋書店，1978）が、名著というに恥じない平明で深くてしかも面白いお勧め本だ。

• 現象学的心理学の発展については、ラングドリッジ『現象学的心理学への招待』の次に読むべきは、本文でも何度かふれたジオルジ『**心理学における現象学的アプローチ ―― 理論・歴史・方法・実践**』(吉田章宏 訳，新曜社，2013）になるが、決してやさしい本ではないので「現象学の入門篇（第2章・第4章）に関するもの」であげたリストをあるていど読んでからの方がよい。

以上はほんの一端を挙げたに過ぎない。特に最近はコロナ禍で図書館が思うように使えず書店での立ち読みも控えているので、あまり目配りができなかった。読者はネットを駆使し、「読書メーター」や「アマゾンレビュー」も参考にして(はならないこともあるが)、これはと思う本を見つけて欲しい。

著者紹介

渡辺恒夫（わたなべ　つねお）
京都大学文学部で哲学を，同大学院文学研究科で心理学を専攻。博士（学術）。高知大学助教授，明治大学専任講師などを経て，東邦大学名誉教授。
研究領域：心理学，現象学，死生学，科学哲学など。
主な著書：『人文死生学宣言』（共編著，春秋社，2017），『夢の現象学・入門』（講談社選書メチエ，2016），『他者問題で解く心の科学史』（北大路書房，2014），『フッサール心理学宣言』（講談社，2013），『人はなぜ夢を見るのか』（化学同人，2010），『自我体験と独我論的体験』（北大路書房，2009），『〈私〉という謎』（共編著，新曜社，2004），『輪廻転生を考える』（講談社現代新書，1996），『トランス・ジェンダーの文化』（勁草書房，1989）など多数。

新曜社

明日からネットで始める現象学
夢分析からコミュ障当事者研究まで

初版第１刷発行　2021年６月20日

著　者　渡辺恒夫
発行者　塩浦　暲
発行所　株式会社　新曜社
101－0051　東京都千代田区神田神保町３－９
電話（03）3264－4973（代）・FAX（03）3239－2958
e-mail : info@shin-yo-sha.co.jp
URL : https://www.shin-yo-sha.co.jp

組　版　Katzen House
印　刷　星野精版印刷
製　本　積信堂

ISBN978-4-7885-1729-5 C1011

新曜社の本

ワードマップ 現代現象学 経験から始める哲学入門	植村玄輝・八重樫徹・吉川孝 編著	四六判328頁 本体2600円
現象学的心理学への招待 理論から具体的技法まで	D・ラングドリッジ 田中彰吾・渡辺恒夫・植田嘉好子 訳	A5判280頁 本体3100円
心理学における現象学的アプローチ 理論・歴史・方法・実践	A・ジオルジ 吉田章宏 訳	A5判304頁 本体3400円
ワードマップ 現代形而上学 分析哲学が問う、人・因果・存在の謎	鈴木生郎・秋葉剛史・ 谷川卓・倉田剛	四六判304頁 本体2400円
ワードマップ 質的研究法マッピング 特徴をつかみ、活用するために	サトウタツヤ・春日秀朗・ 神崎真実 編	四六判292頁 本体2800円
質的心理学辞典	能智正博 編集代表	A5判432頁 本体4800円
夢	北浜邦夫	四六判180頁 本体1800円
〈転生〉する物語 小泉八雲「怪談」の世界	遠田勝	四六判272頁 本体2600円

＊表示価格は消費税を含みません。